चाणक्य

भारतीय इतिहास के सर्वश्रेष्ठ अर्थशास्त्री

प्रो. श्रीकान्त प्रसून

वी एण्ड एस पब्लिशर्स

प्रकाशक

वी एण्ड एस पब्लिशर्स

F-2/16, अंसारी रोड, दरियागंज, नई दिल्ली-110002

☎ 23240026, 23240027 • फैक्स: 011-23240028

E-mail: info@vspublishers.com • *Website:* www.vspublishers.com

शाखा : हैदराबाद

5-1-707/1, ब्रिज भवन (सेन्ट्रल बैंक ऑफ इण्डिया लेन के पास)

बैंक स्ट्रीट, कोटी, हैदराबाद-500 095

☎ 040-24737290

E-mail: vspublishershyd@gmail.com

शाखा : मुम्बई

जयवंत इंडस्ट्रिअल इस्टेट, 2nd फ्लोर - 222,

तारदेव रोड अपोजिट सोबो सेन्ट्रल मॉल, मुम्बई - 400 034

☎ 022-23510736

E-mail: vspublishersmum@gmail.com

फ़ॉलो करें:

हमारी सभी पुस्तकें **www.vspublishers.com** पर उपलब्ध हैं

मुद्रक: रेप्रो नॉलेजकास्ट लिमीटेड, ठाणे

प्रकाशकीय

वी एण्ड एस पबिलशर्स पिछले अनेक वर्षों से जनहित एवं आत्मविकास सम्बन्धी पुस्तकें प्रकाशित करते आ रहें हैं। पुस्तक प्रकाशन के क्रम में इस बार हमने **'चाणक्य'** पुस्तक प्रकाशित किया है। प्रस्तुत पुस्तक में चाणक्य द्वारा लिखित अनमोल कृतियों का वर्णन किया गया है।

चाणक्य ने 'नीति शास्त्र' 'नीतिसूत्र' और 'अर्थशास्त्र' जैसे कई महान ग्रथों की रचना की है। चाणक्य द्वारा रचित अर्थशास्त्र, राजनीति, अर्थनीति, कृषि और समाजनीति आदि का महान ग्रंथ है। पाठकों को पढ़ने में असुविधा न हो इसके लिए हमने इस पुस्तक को तीन खंडों में बाँटा है।

पुस्तक के पहले खंड में उनके जीवन, चिंतन और उनकी उपलब्धियों के बारे में प्रकाश डाला गया है। दूसरे खंड मे चाणक्य सूत्र दिये गए हैं। इसमें चाणक्य रचित संस्कृत के श्लोक तथा उसके अर्थ दिय गए हैं। इस पुस्तक का तीसरा खंड चाणक्य के संपूर्ण जीवन की समीक्षा है।

पुस्तक की भाषा सरल तथा सहज है, जिससे पाठकों के लिए इस पुस्तक को समझना बेहद आसान बन गया है। आप जितनी अभिरुचि और मनोयोग से इस पुस्तक का अध्ययन करेंगे, इसमें आपको उतना ही आनन्द आएगा।

विषय-सूची

प्रथम खण्ड
दृढ़प्रतिज्ञ, व्यक्ति, जीवन चरित्र

दूसरा खण्ड
स्व, समय, साधन सुव्यवस्थित

तीसरा खण्ड
अमरता और निर्वाण
शेष कथ्य

भूमिका

चाणक्य ने तब कुछ नहीं लिखा, जब युवा थे। पहले ऐसी परम्परा भी नहीं थी। प्राप्त या एकत्रित ज्ञान को अनुभव की कसौटी पर जाँच–परख कर ही लिखा जाता था। अमात्य पद से अपने को मुक्त करने के बाद चौथेपन में चाणक्य ने लिखना आरम्भ किया। नीतिशास्त्र लिखा, नीति सूत्र लिखा और अर्थशास्त्र लिखा। बहुत लिखा, सबके लिए लिखा और बहुत अच्छा लिखा। उन सबको आप तक पहुँचा देना इस पुस्तक; 'चाणक्य : प्रशासन–विधि और शासन–कला; स्वयं से लेकर सब पर शासन करना चाणक्य से सीखें'; का उद्देश्य है।

चाणक्य ने एक स्थापित विशाल राष्ट्र को केन्द्र में रखकर लिखा; सबके अस्तित्व की रक्षा और विकास के लिए लिखा, इसलिए यह पुस्तक चिन्तक, लेखक, प्रबन्धक, सेवक, शासक, प्रशासक, राजनीतिज्ञ, राजनयिक, व्यवस्था शिक्षक–प्रशिक्षक व्यवस्था–शिक्षार्थी, सरकारी अधिकारी और सामान्य पाठक सबके लिए है।

इसमें यथासाध्य आधुनिक व्यवस्था के अनुकूल शब्दों और विचारों को लिखा गया है कि आज का पाठक आसानी से समझ ले।

राजकीय व्यवस्था को व्यावसायिक व्यवस्था और प्रशासकीय व्यवस्था के साँचे में ढालकर प्रस्तुत किया गया है कि अन्तःदृष्टि अपने–आप विकसित हो।

इसमें चाणक्य का जीवन है; उनके जीवन की महत्त्वपूर्ण घटनाएँ हैं; उनकी उपलब्धियाँ हैं और जीवन को सुखी और सम्पन्न तथा आनन्दमय बनाने के लिए उनके विचार हैं; उनके बताये गये मार्ग हैं। शासक बनना, शासक बनाना, सत्ता स्थापित करना; उसे विस्तार देना; उसकी समुचित व्यवस्था करना और धन की उत्तरोत्तर वृद्धि करते जाना; सब है।

अब यह पाठकों पर है कि वे कितनी अभिरुचि से इसका अध्ययन करते हैं; कितने मनोयोग से आत्मसात् करते हैं और कितने परिश्रम से इसका उपयोग करते हैं, क्योंकि उनकी प्राप्ति चाणक्य की शिक्षाओं के चैतन्य प्रयोग व उपयोग पर ही निर्भर है।

सबके सर्वांगीण विकास; सम्यक् समृद्धि और अनुपम आनन्द के लिए।

सर्वे शुभे!

–प्रो. श्रीकान्त प्रसून

चाणक्य की प्रार्थनाएँ

प्रणम्य शिरसा विष्णुं त्रैलोक्याधिपतिं प्रभुम्।
नानाशास्त्र उद्‌धृतं वक्ष्ये राजनीतिसमुच्चयम्।

तीनों लोकों, पृथ्वी, अन्तरिक्ष और पाताल के स्वामी सर्वशक्तिमान, सर्वव्यापक परमेश्वर विष्णु को सिर झुकाकर नमन करने के पश्चात् अनेक शास्त्रों से एकत्र किये गये इस राजनीतिक ज्ञान का वर्णन करता हूँ।

❖❖❖

अधीत्येदं यथाशास्त्रं नरो जानाति सत्तमः।
धर्मोपदेश विख्यातं कार्याकार्य शुभाशुभम्।

श्रेष्ठ पुरुष इस शास्त्र का विधिवत् अध्ययन करके धर्मशास्त्रों के करणीय, अकरणीय तथा शुभ या अशुभ फल देने वाले कर्मों को समझ जायेंगे।

❖❖❖

तदहं सम्प्रवक्ष्यामी लोकानां हित-काम्यया।
यस्य विज्ञान मात्रेण सर्वज्ञत्वं प्रपद्यते।

इसलिए मैं मानव के कल्याण की कामना से इस ज्ञान का वर्णन कर रहा हूँ कि जिससे मनुष्य सर्वज्ञ हो जाये।

❖❖❖

नमः शुक्र-बृहस्पतिभ्याम्।

देवों के गुरु बृहस्पति और दानवों के गुरु शुक्राचार्य को प्रणाम करते हुए आचार्य चाणक्य ने अर्थशास्त्र की पुस्तक लिखना आरम्भ किया है कि किस प्रकार धरती में और धरती पर उपलब्ध सम्पदा पर अधिकार किया जाये; किस प्रकार उसमें अनवरत वृद्धि होती रहे; किस प्रकार उसे सुव्यस्थित और सुरक्षित रखा जाये ताकि शासन स्थापित हो; ताकि सुख मिले; ताकि शान्ति रहे; ताकि सम् वृद्धि हो; ताकि अनन्त काल तक सन्तति आनन्द से रहे; ताकि सम्मान और प्रतिष्ठा बनी रहे और अन्त में मोक्ष की प्राप्ति हो।

❖❖❖

वैदिक प्रार्थनाएँ

अभयं मित्राद् अभयं अमित्राद् अभयं ज्ञाताद् अभयं पुरो यः।
अभयं नक्तं अभयं दिवा नः सर्वा आशा मम मित्रं भवन्तु।

हे देव! हमें न मित्र से भय लगे, न शत्रु से!
हमें परिचितों के भय से मुक्त करो!
और सभी चीजों के भय से मुक्त करो!
हम दिन में और रात्रि में भय से मुक्त रहें!
किसी भी देश में भय का नहीं रहे कोई कारण!
हमें हर जगह मित्र और केवल मित्र ही मिलें!

❖❖❖

भद्रं नो अपि वातय मनो दक्षमुत कर्तुम्।

ओ देव! दयाद्र हृदय दें; सर्वहितैषी कार्य दें!
प्रचुर दानशील शक्ति दें!

❖❖❖

वैश्वानरज्योतिः भूयासम्।

ओ देव! अपने उदार प्रकाश में हमें निमग्न होने दें!

चाणक्य की अमरता

~ 1 ~

धन संचय, सुरक्षा के व्यावहारिक, सांसारिक गुरु चाणक्य का चिन्तन था उत्कृष्ट।
भावपूर्ण सुसंस्कृत शब्द सभी गरिमापूर्ण और भाषा थी परिपक्व तथा संश्लिष्ट।
हम भले हट गये हों दूर अपनी सम्पदा, संस्कृति, ज्ञान–परम्परा, दृढ़ आधार से;
पर चाणक्य के विचार हैं शीर्ष पर रखने वाले, बनाने वाले ज्ञानी प्रशासक बलिष्ट।

~ 2 ~

तक्षशिला का छात्र, अध्यापक, आचार्य, समुन्नत, सिद्ध और प्रसिद्ध।
पहुँचा पाटलिपुत्र; देखता, आँकता, देश; मनसा, वाचा, कर्मणा शुद्ध।
अंकेक्षण, विश्लेषण करता, भावी कर्म सुनिश्चित करता आया चाणक्य;
पर घनानन्द से अपमानित, प्रण विनाश का किया होकर अतिशय क्रुद्ध।

~ 3 ~

ऋषि चणक का आचार्य–पुत्र अपमान, अनाचार क्यों सहता?
क्यों रहता वह मौन, शान्त? क्यों न सत्य, शुद्ध ही कहता?
नहीं लोभ, ना लिप्सा कोई, बुझाता क्यों जो लगी आग थी?
क्यों न उखाड़ता सड़े शासन को? क्यों चुप वह रहता?

~ 4 ~

रहा कर्मरत दिवस–रात्रि, चाणक्य को नहीं चैन, आराम।
सिद्ध करना व्रत कठिन था, धुन एक ही, काम ही काम।
सैनिक खोजना, साधन, अस्त्र–शस्त्र बहुल एकत्रित करना;
सुबह होती थी करते–करते, करते–करते नित्य होती शाम।

~ 5 ~

युवा सेना चैतन्य खड़ी कर लिया, दिया प्रशिक्षण ऐसा।
ग्रामीण बालक सम्राट् के अनुरूप ढला, जैसा चाहा वैसा।
बिना बने ही क्रूर, क्रूरता को पलटता अनुपम बुद्धि–बल से।
उखाड़ा चाणक्य ने नन्दवंश को, मिला था जैसे को तैसा।

6

संघर्ष ऐसा किया, युद्ध इतना किया कि योद्धा नहीं समर हो गये।
नीति–पौध से निकलकर बढ़े, फूल, काँटे, गन्ध सब भ्रमर हो गये।
लिया नहीं कुछ, दिया ही सदा बस, पग बचाते, उठाते, बढ़ाते रहे।
असम्भव से कर्मों, विप्लवी विचारों से चाणक्य जयी अमर हो गये।

7

चाणक्य ने नीति उत्तम बनायी; राजनीति और कूटनीति भी।
शीत नीति सी विष भरी और उत्तम चरित्र निर्माण रीति भी।
निर्भयता जन–जन को थी तब कुविचारी को भय ही भय –
शक्ति को पुरजोर जगाया और बढ़ाई अतिशय प्रीति भी।

8

दुबला था चाणक्य पर दुर्बल नहीं, करता गर्जना घनघोर।
गहराई का पता न चलता, न विस्तार का कोई ओर–छोर।
सफलता का यह मूल मन्त्र था : धीरज, स्थिरता व दृढ़ता –
केन्द्रित मन करता संधान, रखता समान दृष्टि चहुँओर।

9

सर्जनाशील विचारक हीनभाव और हीनकर्म की भर्त्सना करता।
चाणक्य विचार कर कहता, करता; सही समय सही पग धरता।
सन्तुलित था चिन्तन, निर्णय गणित–फलित सा; सफल सुरक्षित –
ज्ञानवान, शीलवान, विचारक श्रेष्ठ, क्यों डगमग होता, डरता?

10

होकर स्वतः सेवा–निवृत्त, जुटा लेखन में उत्तम नीतिशास्त्र।
चतुराई कुटिलता से परिपूरित पूर्ण हुआ कौटिल्य अर्थशास्त्र।
फिर अनुभव सूत्र में बँधने लगे कि जीवन कंचन चमके, गमके –
अक्षुण्ण रखा गरिमा को बनकर कुल का दीपक पुत्र सुपात्र।

11

पूर्ण सुरक्षित प्रणाली दे गया चाणक्य अन्तिम प्रयाण के पूर्व।
सरल, सहज, सपाट–सा मार्ग जो देता सफलता अभूतपूर्व।
ना गलती करता ना करने देता, ना योजना होती कमजोर –
लय हो लय में लय बन जिया, यह आश्चर्य, उपलब्धि अपूर्व।

12

चाणक्य आर्य थे, अनार्यों के विरोधी, कर्म के थे समर्थक।
किया एकत्रित ज्ञान, नहीं गँवाया क्षण मात्र भी निरर्थक।
राज्य और समाज के लिए बने, तने, खड़े रहे, या मिटे;
धर्मरतता और कर्मलीनता से अपना जीवन किया सार्थक।

13

संतति को जो दे गये अनुपम, अतुलित, व्यावहारिक ज्ञान।
जिससे हो सके प्रशस्त मार्ग, और हो विकास और उत्थान;
लिखकर, सिखलाया, उपयोग बताया उद्यम में, प्राप्ति में;
ऐसी थी दृढ़ता विचित्र कि सब पूर्ण कर ही किया प्रयाण।

14

ऐसे हैं, इतने हैं, तपे और ऋषि परम्परा में पालित और विकसित।
चाणक्य के भाव हैं, विचार और ज्ञान हैं, जो नहीं होंगे विस्थापित।
देखा, जाना, शाश्वत, मोक्ष कारक, ग्रहण, अनुसरण योग्य जिससे :
स्वयं, स्वतः हो जाती काल पुरुष चाणक्य की अमरता स्थापित।

15

कोई भी प्रशंसा चाणक्य की होगी नहीं यथेष्ट या पूरी।
क्योंकि वह था सम्पूर्ण परिधि, सभी चक्र, बीच की धुरी।
वह था समय के साथ, समय उसके साथ चला सम्भालता;
जो भी अपनाये, करे अनुकरण, ना रहती इच्छाएँ अधूरी।

प्रथम खण्ड

दृढ़प्रतिज्ञ, व्यक्ति, जीवन, चरित्र

प्रशासन-गुरु चाणक्य
जीवन, चिन्तन और उपलब्धियाँ
बहुमुखी प्रतिभा-सम्पन्न चाणक्य
चाणक्य की श्रेष्ठता और दृढ़ता
अर्थ और कौटिल्य अर्थशास्त्र
चाणक्य की नारी-चेतना

1

प्रशासन गुरु चाणक्य

परा–अपरा की शक्ति समाहित किये कुछ अधि–चेतना के काल पुरुष धरती पर जनमते हैं, जो ऐसे अतुलित और अनुपम ज्ञान का संचय करते हैं कि वे प्रज्ञा से परिपूर्ण ज्ञान शक्ति और उत्तम बौद्धिकता से अपने काल की ऐतिहासिक धारा को इच्छानुसार परिवर्तित कर देते हैं और राष्ट्र का नव–निर्माण कर नया इतिहास रच देते हैं। ऐसे लोग इतने सक्षम और शक्तिशाली होते हैं कि इनकी इच्छा के अनुसार इतिहास करवट लेता है; घटनाएँ इनकी आज्ञा का अनुपालन करती हैं; व्यक्ति इनके अनुशासन में रहते हैं।

चूँकि ये काल–पुरुष होते हैं; काल के अनुसार चलते हैं, इसलिए काल इनके अनुरूप हो जाता है; फलतः वे शरीर त्याग जाते हैं मगर काल–कवलित नहीं होते। काल उन्हें हृदय से लगाये उष्मायित करता रहता है और वे शताब्दियों पर शताब्दियों तक क्रियाशील रह जाते हैं; अपने समय और समाज को जैसा और जितना सुसंस्कृत और परिष्कृत किये रहते हैं, उससे ज्यादा बड़े समाज को सदा विकसित, उन्नत और उत्कृष्ट बनाते चलते हैं। तब वे कालातीत हो जाते हैं; तब वे मानव मात्र की धरोहर होते हैं; सबके होते हैं और सदा व्यक्ति और समाज से बड़े होते हैं; सन्तति के लिए अमोल होते हैं और सबके भविष्य को सजाते, सँवारते, सुरभित और सुरक्षित करते रहते हैं।

निस्सन्देह चाणक्य वैसे ही कालजयी, यशस्वी, सफल, ज्ञानी, नीतिज्ञ पुरुष थे, जो अपने जीवनकाल में ही ऐतिहासिक हो गये। अतीत और वर्तमान का कोई भी दूसरा व्यक्ति ऐसा नहीं दिखता जो ज्ञान में, बौद्धिकता में, व्यावहारिकता में, चरित्र में, गुण में, सम्मान में, दृढ़ता में, क्रियाशीलता में और क्रियान्वयन में चाणक्य के थोड़ा निकट भी आ पाता हो।

सर्वाधिक आश्चर्य की बात तो यह है कि चाणक्य सन्त की तरह जिये; ज्ञान के अतिरिक्त अपने लिए कुछ भी एकत्रित नहीं किया; प्रसिद्धि उन्हें सहज और स्वतः मिली; जो कुछ भी उन्होंने किया वह दूसरों के लिए किया; दूसरों के, समाज के, राष्ट्र के, उत्थान, विकास, सुख, समृद्धि, सुरक्षा, ज्ञान, संस्कार और मोक्ष के लिए किया और

उसी व्यक्ति ने सम्पूर्ण भारत को एक शासन के अन्दर लाकर विशाल, धनी, शान्त और सुखद राष्ट्र बना दिया।

चाणक्य ज्ञान–रूप हैं; भाव, विचार हैं और एक अधोवस्त्र, धोती और एक तह किया हुआ चादर कन्धे पर अंग–वस्त्रम् के रूप में रखे हुए हैं, छिले चमकते सिर पर आगे अथवा पीछे खुली मोटी चोटी के रूप में टीक; चौड़ा और रश्मियुक्त ललाट; बड़ी–बड़ी प्रकाशमान आँखें और हाथ में दो पुस्तकों से प्रतीकित हो जाते हैं। ऐसे थे चणक ऋषि के सुपुत्र आचार्य चाणक्य आत्मबल, दृढ़संकल्प से भरे प्रज्ञावान, मतिमान। इसीलिए चाणक्य आज भी एक जीवन्त, क्रियाशील चिन्तक, पथ–प्रदर्शक तेज और बल हैं।

निष्ठावान प्रशासक

चाणक्य न केवल व्यावहारिक चिन्तक थे, बल्कि विचारों को कार्यरूप में परिणत करने के समय शीघ्रता और तीव्र वेग धारण कर लेते थे; न केवल प्रखर और प्रभावशाली वक्ता थे बल्कि अति अड़ियल, बहुत कड़ियल और अटल जिद्दी व्यक्ति थे; शिक्षक थे, गुरु थे; निष्ठावान अमात्य थे; स्वच्छ, निर्मल, कोमल, सहृदय, एकनिष्ठ और दृढ़ प्रशासक थे; सफल व्यूह रचना करने वाले थे; जितने विध्वंसक बल के मालिक थे, उससे कई गुणा ज्यादा सृजनात्मक शक्ति संचित किये हुए थे। जितना चाणक्य बौद्धिक थे, उतना ही भावुक भी; जितना सम्मान देते थे उससे अधिक पाते थे। वे आग्रही थे, दुराग्रही नहीं; नैतिक बल लिए वे कर्म थे, क्रिया थे; इसलिए उन्होंने एक शक्तिशाली राजवंश को समूल नष्ट कर दिया और वैसे अनेक राज्यों को मिलाकर सम्पूर्ण भारत को एक सूत्र में पिरो दिया। विध्वंस जितनी शीघ्रता से किया, सर्जना उससे भी तीव्र हुई क्योंकि वे सर्जना करना विध्वंस से पहले ही आरम्भ कर चुके थे। उनके दृढ़निश्चय को और अन्तर्दृष्टि को पता था कि वही होगा, जो वे करेंगे; कहेंगे; चाहेंगे। ऐसा दृढ़बोध तो कहीं देखा ही नहीं जाता।

चाणक्य जो भी करते थे, सब मानसिक और चारित्रिक शक्ति से करते थे। अतः वे सदा सर्वश्रेष्ठ प्रदर्शन करते थे; न कार्य अधूरा छोड़ते थे, न असफल होते थे, क्योंकि जो भी करते थे सम्पूर्ण शक्ति और मनोयोग से करते थे; अतएव वे पूर्णता के सदा अति निकट रहते थे।

इसका मूल कारण चाणक्य का तक्षशिला का आचार्य या अध्यापक होना नहीं था; वे तो शिक्षणकार्य त्यागकर देश–भ्रमण पर निकल आये थे और सुदूर दक्षिण से घूमकर उत्तरी–पूर्वी छोर पर आ गये थे। जहाँ राजा की अशिष्टता से पूरे नन्दवंश के विनाश का प्रण कर लिया और क्षण भर में ही चाणक्य बदलकर वे सब हो गये जो वर्षों की तपस्या करके भी कोई नहीं होता। एक अपने में ही वे सभी कुछ हो गये, जो–जो होना एक साम्राज्य के विध्वंस और दूसरे की स्थापना के लिए आवश्यक था।

असम्भव–सा प्रण

विध्वंस समाज को बरबाद कर सकता था, किन्तु जिस परिपूरित योजना को बनाकर

चाणक्य क्रियानीवत कर रह थे, उसमें विध्वंस था ही नहीं, निर्माण ही निर्माण था और था बस साम्राज्य परिवर्तन, बस प्रशासन का बदल जाना। प्रत्येक दिशा से और प्रत्येक विभाग में यथासाध्य परिवर्तन करते हुए ही वे केन्द्रीय प्रशासन तक पहुँचे और रात्रि के तीसरे पहर से भोर तक ही सब कुछ बदल गया। यह अन्दाजा करना अब कठिन है कि कितना तीव्र और वेगवान था और कितना वैचारिक और प्रशान्त था वह परिवर्तन! निश्चित रूप से प्रशासकीय पूर्णता का निश्चित परिणाम! प्रसाद गुण से भरपूर! लावण्यमान! दर्शनीय और सराहनीय! परिवर्तन पूरी निष्ठा और तत्परता से किया गया था!

चाणक्य ने यह तब किया, जब वे स्थान और जनसमुदाय को नहीं जानते थे और उस स्थान और जन समुदाय के बीच नहीं पहचाने जाते थे। जब वे अकेले थे, निपट अकेले! न स्थान, न निवास! न अपने न पराये! न धन था, न सेना; न सैनिक, न शस्त्र, न सेनापति। मानसिक बल और जागृत चेतना थी; चारित्रिक शक्ति थी; ज्ञान–गुण था; जिसके सहारे एक ग्रामीण बालक को राजा का प्रशिक्षण दिया और उसी जैसे अन्य को शिक्षा और शस्त्र–संचालन सिखाकर सैनिक और सेनाध्यक्ष बनाया तथा एक असम्भव कार्य को सम्भव बना दिया।

समूल विनाश

चाणक्य ऐसा इसलिए कर सके कि उन्हें शत्रु का समूल विनाश करना ही सिखाया गया था। अगर शत्रु का कुछ भी शेष बचा रह गया, तब कालान्तर में वही शक्तिशाली होकर आपका विनाश कर देगा।

चाणक्य के जीवन की यह बहुत प्रसिद्ध घटना है, जो यह सिद्ध कर देने के लिए यथेष्ट है कि चाणक्य शत्रु को सहन ही नहीं करते थे। वे स्वच्छ और बाधारहित मार्ग चाहते थे। सुरक्षित, शत्रुविहीन और निर्भय रहना ही शान्तिपूर्ण जीवन है। तभी कोई आध्यात्मिक उन्नति के मार्ग पर निस्संक आगे बढ़ सकेगा। वे ढहते महल को मटियामेट कर देना चाहते थे कि वहाँ नया महल बनकर चमके, दमके; ताकि परम्परा को आगे बढ़ाने वाला नव–निर्माण हो, नयी सर्जना हो, लाभ और प्रगति दिखलायी पड़े। एक घटना से उनके अन्तस का उद्वेलन और उनकी दृढ़ता स्पष्ट हो जाती है जिसका वर्णन कुछ निम्न प्रकार किया जाता है।

कुश वह पौधा है, जिसकी जड़ मोटी सूई की तरह गहरी चूभती है और कई दिनों तक तीव्र वेदना देती है, किन्तु धार्मिक पूजन आदि में सनातन धर्म वाले उपयोग करते हैं। यह एक संयोग था कि एक दिन एक कुश चाणक्य के पाँव में गड़ गया। कहीं–कहीं यह भी कहा जाता है कि कुश चाणक्य के पिता ऋषि चणक के पाँव में गड़ा और उसी के कारण उनकी मृत्यु हो गयी। श्राद्ध कर्म चाणक्य ने पूरे किये, किन्तु न वह कुश को भूल सके और न क्षमा कर सके।

कारण जो भी रहा हो चाणक्य ने कुश को उस स्थान से समूल विनाश का

निर्णय ले लिया। प्रतिदिन मट्ठा लेकर वहाँ जाते थे, जड़ से उखाड़ते थे और वह पुनः नये सिर से पनपे नहीं, इसलिए जड़ में मट्ठा डाल देते थे, जो कुश को पनपने नहीं देता है।

यह चाणक्य का अपना तरीका था, अपने आक्रोश को प्रदर्शित करने का और शत्रु से प्रतिशोध लेने का।

देखकर लोग चकित थे कि एक युवा प्रतिदिन नियम से मट्ठा लेकर आता है, कुश उखाड़ता है और जड़ में मट्ठा पटा देता है। कुछ ने इसे पसन्द नहीं किया। कुछ ने प्रतिवाद भी किया, किन्तु चाणक्य पर कोई प्रभाव नहीं पड़ा। एक दिन कुछ वृद्ध एक मन्त्री के नेतृत्व में वहाँ आये। चाणक्य अपनी नित्य लीला में व्यस्त थे। उनका ध्यान भी नहीं टूटा। मन्त्री ने विनम्र स्वर में पूछा : आप क्या और क्यों कर रहे हैं?

चाणक्य का उत्तर स्पष्ट था : मैं मनुष्य और मनुष्यता के विरुद्ध कुछ भी सहन नहीं कर सकता, इसलिए चूभने वाले इन काँटों का समूल विनाश कर रहा हूँ। जो भी मनुष्य और मनुष्यता के विरुद्ध जायेगा, मैं उसे नष्ट कर दूँगा।

उनकी दीप्ति और दृढ़ता नन्द के उस मन्त्री को भा गयी। वह घनानन्द को पसन्द नहीं करता था और उसे उखाड़ फेंकना चाहता था। किन्तु वह स्वयं सक्षम नहीं था। उसे लगा कि यह व्यक्ति वह महती कार्य कर सकता है। उसने घनानन्द द्वारा आयोजित एक भोज में उन्हें यह जानकर निमन्त्रित किया कि न घनानन्द इन्हें सह पायेगा और न ये घनानन्द को। कुछ हो जायेगा, जो घनानन्द के विनाश का कारण होगा। इस प्रकार चाणक्य घनानन्द के राजमहल में पहुँच गये।

चाणक्य या तो अपनी बात छिपा जाते थे या ऐसी ही स्पष्टता से व्यक्त करते थे। किसी को वे क्षमा नहीं करते थे। छिपा इसलिए लेते थे कि कार्य पूरा होने के पहले बात का खुल जाना प्रतिरोध पैदा करेगा। उन्होंने कहा भी है :

मनसा विचिन्तयेत् वचसा न प्रकाशयेत्।

व्याख्या : यह सर्वथा असम्भव–सा लगता है कि बिना शत्रु पैदा किये हुए कोई शिखर पर चढ़ जाये, क्योंकि द्वेष बहुत है और यह भी असम्भव लगता है कि शत्रुओं के रहते कोई शिखर तक चढ़ पाये। इसलिए यह आवश्यक है कि सही समय पर शत्रु का सामना करके उसे नष्ट करते हुए आगे बढ़ें। इसमें अधिक समय, श्रम और ऊर्जा भी नष्ट नहीं होनी चाहिए।

प्रभाव : जड़ जमाये हुए शत्रु शक्तिशाली होते जाते हैं। तब वे ज़्यादा शक्ति से और घृणा से आक्रमण करते हैं। इसलिए जैसे ही अवसर मिले, शत्रु का समूल विनाश कर दें।

दिवस रात्रि : कर्म ही कर्म

गलतियों के लिए चाणक्य के पास माफ़ी नहीं थी, दण्ड था। दण्ड चाहे कितना भी

छोटा या हलका हो मगर वह किसी को छोड़ते नहीं थे। चाणक्य से भय का यह मुख्य कारण था। दण्ड से अगर बचा जा सकता है, तब गलतियाँ की जा सकती है; अपराध किये जा सकते हैं। किन्तु जब दण्ड से बचने की कोई सम्भावना ही नहीं है, तब गलतियों से बचने की चेष्टा की जाती है और अपराध का ध्यान भी मन में नहीं आने दिया जाता। उनके शिष्य इस बात को लेकर, समझकर और अन्तस् में बैठाकर बड़े हुए, जिसका अनुपम लाभ देश को शताब्दियों तक मिलता रहा। ऐसी ही एक छोटी घटना के साक्षी बने वे ग्रामीण जो चाणक्य के आश्रम के पास से होकर प्रातःकाल जा रहे थे।

अहले भोर में अपने कार्यपर निकलने वाले मछुआरे, धोबी और माली जिन्हें मछलियाँ पकड़ना था या कपड़े धोने थे या फूल तोड़ने थे, वे आश्चर्य में पड़ गये। वे कुछ देखकर एकाएक उस बड़े आम के बाग के किनारे ठिठककर खड़े हो गये। यहीं वह आश्रम था, जिसकी चर्चा वे सुनते और करते थे। बात ही कुछ ऐसी थी। आचार्य चाणक्य जल से भरे दो घड़े कमर पर रखे झील–सी नदी की ओर से आ रहे थे। यह परिपाटी नहीं थी। लकड़ी काटना, जल भरना, सफाई करना शिष्यों के कार्य थे। आचार्य को दैहिक कार्य नहीं करने थे। यही आश्चर्य का कारण था। वे जल ला रहे हैं, मगर क्यों? यह असामान्य प्रश्न था।

तभी कुछ विचित्र घटना घटी कि सब खुलकर, खिल–खिलाकर हँसने लगे। गुरु ने पहले घड़ों को जमीन पर रखा, फिर एक घड़े को उठाकर सोये छात्रों की ओर बढ़े और कुछ बोलते हुए सब पर घड़े से जल डालने लगे। लड़के हड़बड़ा कर उठे और जैसे थे वैसे ही नदी की ओर भागने लगे। किसी का अधोवस्त्र गिरता; किसी का ढीला था; किसी का अंगवस्त्र सोहरता, किसी का गिरता। अफरा–तफरी–सी मच गयी। एक घड़ा जल गिराने के बाद गुरु मुड़े, दूसरा घड़ा उठाया और चले लड़कों पर पटाने। ग्रामीणों की हँसी तेज हो गयी। अब वहाँ कोई था ही नहीं जिस पर जल पटाया जाये। गुरु ने भुनभुनाते हुए ही वापस लौटकर जल को यथास्थान रखा। ग्रामीणों के पास तक केवल क्रोध से भरे गुरु का स्वर आ रहा था, शब्द स्पष्ट नहीं हो रहे थे।

तमाशा खत्म हो गया था। ग्रामीण हँसते हुए, मन में गुरु के लिए प्रशंसा लिये हुए, अपने कार्यस्थल की ओर बढ़े।

व्याख्या : अविराम श्रम और किसी कार्य में मनोयोग से लगे रहने पर उन्हें भी सफलता मिलती है, जिनके पास साधनों की कमी होती है और जो शक्तिहीन होते हैं। नियमित कार्य से ही अन्तर पड़ जाता है। लगातार रगड़े जाने पर कोमल रस्सी कड़े पत्थरों पर अपना चिह्न अंकित कर देती है।

प्रभाव : कोई अपने दिन और कार्य के घण्टों को सुबह में जल्दी उठकर और रात्रि में विलम्ब से सोने जाकर बढ़ा सकता है। रात्रि दस बजे से सुबह पाँच बजे तक उसे नींद भी पूरी मिल जाती है। जो विलम्ब से सोने जाते हैं और विलम्ब से ही जगते हैं, वे तरोताजा कभी नहीं रहते।

आधुनिकता श्रेष्ठता या पतन

चाणक्य आदर और भय दोनों ही उत्पन्न करते हैं, क्योंकि न उनमें लोभ था, न लिप्सा और न किये गये कर्मों का वे प्रतिदान ही चाहते थे। इसलिए निर्भय रहते थे और इसीलिए लोग भय खाते थे। किन्तु आश्चर्य यह है कि चाणक्य सदा निर्भय रहने की शिक्षा देते रहे। मगर निर्भय तो वही रह सकता है, जो किसी भी तरह का अनैतिक आचरण नहीं करता। निर्भय होना है, तब नैतिकता के मार्ग पर ही चलना होगा।

स्पष्ट बात यह है कि जो नीच हैं, उन्हें किसी भी तरह की प्रतिष्ठा के नष्ट होने का कोई खतरा या भय नहीं होता ***नास्त्य मानभयं अनार्यस्य***। जो बुद्धिमान और चेतन हैं, उन्हें नौकरी या व्यवसाय में कोई भय नहीं रहता ***न चेतनवतां वृत्ति-भयम्***। जिन्हें अपनी ज्ञानेन्द्रियों पर नियन्त्रण है, उन्हें पतन का भय नहीं होता ***न जीतेन्द्रियानां विषय-भयम्***। जो ईमानदार और कर्तव्यपरायण होते हैं, उन्हें न किसी व्यक्ति से और न मृत्यु से, किसी से कोई भय नहीं होता ***न कृतार्थानां मरणं-भयम्***।

अगर ऐसे लोग हों और ऐसा भयमुक्त समाज हो, तब सभी निर्भय होकर जी सकेंगे और दुष्ट तथा अपराधी दबकर जीयेंगे, दिनदाड़े भीड़ भरे स्थानों पर बम नहीं फोड़ेंगे। तब न बलात्कार होगा और न स्त्रियों का नग्न प्रदर्शन होगा; न घोटाले होंगे, न बैंक डकैतियाँ होंगी और न हत्याएँ होंगी, न दुर्घटनाएँ, और न असमय मृत्यु।

गरीब, दीन, दुखियों के अतिरिक्त किसी के लिए चाणक्य के मन में दया नहीं थी। वे काम लेना जानते थे। वे अनुशासन चाहते थे और अनुशासन भंग करने वाले उनसे भय खाते थे। बिना रखे हुए ही यह स्पष्ट है कि शिक्षक की छड़ी प्रतीक रूप में सदा उनके हाथ में रहती थी जिसका वे भरपूर उपयोग करते थे। उनकी छड़ी जोर से पड़ती थी। घायल न भी करे तब भी दर्द बहुत देर तक रहता था।

आज के परिदृश्य में छात्रों को अकारण और बेतुके दण्ड दिये जाते हैं और शिक्षकों पर मुकदमे भी होते रहते हैं। यह अधोगति विगत तीस वर्षों की है। उसके पूर्व ऐसा पतन सुनने में भी नहीं आता था। आज आचरणहीन ही शक्तिशाली हैं और सबको आचरणहीन बना देने के लिए कटिबद्ध हैं कि कोई उन्हें नकटा कहकर अँगुली न उठाये। जेलों में जो पंचसितारा सुविधाएँ उन्हें मिल जाती हैं और अब पत्नियों से भी अलग कमरों में कैदियों के मिलने की कवायद चल रही है, तब सुखभोगी लोग अपराधी बनकर जेल में ही क्यों न रहें? अब जेल से भी भय नहीं लगता। एक श्लोक में चाणक्य ने लिखा है कि उस देश में नहीं रहना चाहिए, जिसमें आतंक हो या आतंकी खतरे हों। आज सभी जगह आतंक और आतंकवादी हैं और सभी इसी भय में जीने के लिए मजबूर हैं। निर्भयता नहीं है, तब भी नहीं जबकि ए श्रेणी से जेड श्रेणी तक की सुरक्षा है।

पहले आग चूल्हों से लगती थी और कुछ झोंपड़ियाँ राख हो जाती थीं। अब आग बिजली से लगती है और दर्जनों दमकलों के बावजूद सैकड़ों लोग मरते हैं, और करोड़ों की सम्पति स्वाहा होती है। प्रतिदिन केवल दिल्ली में पहले सड़क हादसों में दो व्यक्ति

मरते थे अब पाँच मरने लगे हैं। बड़ी प्रगति की है आधुनिकता ने। आज कोई सुरक्षित स्थान नहीं है और कोई जगह भ्रष्टाचार से मुक्त नहीं है। अपवादों को छोड़कर सभी भ्रष्ट हो गये हैं और केवल रुपयों के लिए किसी भी तरह का जघन्य अपराध कर सकते हैं। स्वाधीनता के बाद से बड़ी प्रगति की है हमने। इतनी कि स्वाधीनता के समय कोई कर्ज न देश पर था न व्यक्ति पर। आज केवल देश का कर्ज कहता है कि एक सौ बीस करोड़ भारतीयों पर तैंतीस–तैंतीस हजार का कर्ज है जो दस नील से अधिक होता है, किन्तु अब हम करोड़ से आगे की गिनती भूल गये हैं। जो कहा है करोड़ में ही कहना है।

और, सबसे अधिक विकसित देश अमेरिका की स्थिति यह है कि उसे प्रतिवर्ष लिये गये कर्ज के वार्षिक ब्याज के रूप में एक सौ बानबे बिलियन डॉलर देने पड़ते हैं। वाह री प्रगति!

आज शिक्षा जगत् हो या कोई अन्य क्षेत्र, उसका वर्णन करना ही व्यर्थ है, समय और श्रम का अपव्यय है क्योंकि जैसी अराजकता है, वैसी भारतीय स्वतन्त्रता के पहले या बाद में कल्पना में भी नहीं थी। एक तरफ कई परीक्षाओं को मिलाकर छात्रों की संख्या बढ़ाई जा रही है कि एक साथ परीक्षा हो और दूसरी ओर प्रत्येक परीक्षा में दस हजार से चालीस हजार तक परीक्षार्थियों की परीक्षा छूट जाती है। शायद ही कोई परीक्षा हो, जिसमें प्रश्न–पत्र की जानकारी की सूचना नहीं मिलती। नामांकन की स्थिति यह है कि निःशुल्क प्रारम्भिक शिक्षा वाले देश में शिशु वर्ग में नामांकन के लिए कतारें लगतीं हैं; ऊँचे दामों पर प्रपत्र मिलते हैं और नामांकन के लिए शुल्क के अतिरिक्त लाखों में दान या उपदान देना पड़ता है। अधिकांश महाविद्यालय शिक्षण के नहीं, परीक्षा के केन्द्र होकर रह गये हैं। नामांकन, परीक्षा प्रपत्र भरना, परीक्षा और प्रवेशपत्र तथा प्रमाण–पत्र वितरण, यही कार्य है। इसका क्या वर्णन किया जाये और वर्णन की आवश्यकता ही क्या है, जब सभी लोग इन तथ्यों को जानते हैं?

निर्णय उन लोगों को करना है, जिन्हें इन सारी चीजों में कोई अभिरुचि नहीं है। उन्हें केवल पैसे चाहिए चाहे जैसे मिले। किसी से पूछिये जीवन में सबसे अधिक महत्त्वपूर्ण क्या है? कोई कहेगा 'धन'; कोई 'मकान'; कोई 'पत्नी–प्रेमिका' और कोई 'कार'। सामान्य और सच्चा उत्तर कोई नहीं जानता, नहीं सोचता कि जीवन में सर्वाधिक महत्त्व 'जीवन' का है। प्राण के निकलते ही अपने सगे, पिता, पुत्र, भाई, बन्धु चिता पर लाद श्मशान में फूँक आयेंगे या कब्रिस्तान में गाड़ आयेंगे, तब धन, मकान, पत्नी, कार या विलासिता के सामान किस काम आयेंगे। जब से जीव है, मानव–सृष्टि है, तब से बुढ़ापा है, मृत्यु निश्चित है। उसे टाला नहीं जा सकता, किन्तु अमरता के लिए और सदा जवान रहकर विलासिता करने के लिए सभी परेशान हैं और आसानी से झूठ बोलकर कमाने वाले के हाथों ठगे जाते हैं। वस्तुतः सभी अपने को ठग रहे हैं। जानकर भी कोई सत्य नहीं स्वीकारता। कराह कर, छटपटाकर जी रहे हैं; घुटन में तड़प रहे हैं; हत्याएँ, आत्महत्याएँ कर रहे हैं मगर शान्ति से, सुख से, सन्तोष से स्वस्थ और आनन्द भरा जीवन नहीं जी रहे हैं।

ज्ञानबली चाणक्य

चाणक्य के पास धन का बल नहीं था; शस्त्र बल भी नहीं था, न सैनिकों की शक्ति थी। उनके पास केवल ज्ञान का बल था।

ऐसा ही कोई व्यक्ति ज्ञान के बल को पहचान सकता है; और पूरी शक्ति से उद्घोषणा कर सकता है : *बुद्धिः यस्य बलं तस्य; निर्बुद्धेस्तु कुतो बलम्*। जिसके पास बुद्धि है, उसी के पास बल है; बुद्धिहीन को कहाँ का बल! ऐसा ही कोई व्यक्ति प्रशासन का, प्रशासकों का, शासकीय गुरु हो सकता है; और जिसे श्रेष्ठ प्रशासन देकर उच्चासन पर विराजमान होना है और एक लम्बे काल तक उसी उच्चतम् अवस्था में बने रहना है, वह इसी गुरु से मन्त्र लेकर; दीक्षित होकर सभी इच्छाएँ पूर्ण कर सकता है।

नन्द के राजप्रासाद में घटने वाली एक नन्ही–सी घटना ने चाणक्य को ऐसा प्रेरित और उत्प्रेरित किया कि उन्होंने भारत के इतिहास को बदल दिया और लोगों के विचारों को शताब्दियों से उद्वेलित करते और बदलते आ रहे हैं।

प्रण

चाणक्य से सम्बन्धित घटनाओं को कई रूपों में कहा जाता है। कहनेवालों ने तथ्यों के साथ अपनी कल्पना का भी समिश्रण किया है ताकि उनका दर्शन, उनके कार्य और उनकी वाणी वही प्रभाव उत्पन्न कर सके, जिसके लिए वे जाने जाते हैं। चाण क्य ने प्रण कब और कैसे किया, इसे सबसे अधिक रूपों में कहा जाता है। स्वयं से आये हों या किसी अमात्य ने निमन्त्रण दिया हो, किन्तु यह सर्व–विदित बात है कि एक दिन चाणक्य मगध नरेश घनानन्द के दरबार में आये। सर्वाधिक चर्चा इस बात की है कि एक भोज में आने के लिए जानबूझकर एक मन्त्री ने चाणक्य को निमन्त्रित किया था।

यह कहना कठिन है कि वह दिन काला अन्धकारमय था या प्रकाश से परिपूर्ण। शायद राजवंश के लिए काला, किन्तु भारतीय जन–समुदाय के लिए प्रकाशमान।

भोज में सम्मिलित काले ब्राह्मण को देखकर पहले तो घनानन्द हँसा : अरे! क्या यह ब्राह्मण है? ब्राह्मण है तब काला नहीं हो सकता और काला है, तब ब्राह्मण नहीं हो सकता।

चाणक्य ने इस उपहास को अच्छा नहीं माना। फलतः प्रतिवाद किया, किन्तु उसने जैसे सुना ही नहीं। मन्त्री जैसा सोच रहा था, वैसा ही हो रहा था, अतएव वह प्रसन्न था। उसने राजा का पक्ष लिया, जिससे चाणक्य क्रोधित हो गया। स्थिति तनावपूर्ण हो गयी। कई अन्य भी ब्राह्मण के अपमान को अच्छा नहीं मान रहे थे, किन्तु वे चुप थे। मगर चाणक्य चुप नहीं था। राजा अपने अहं में था, वह क्यों कुछ सुनता या चुप रहता? वह ब्राह्मण पर हँसता रहा। ब्राह्मण का धैर्य अपनी सीमा को तोड़कर बहने के लिए आतुर था।

फिर घनानन्द बिफर गया और उसे दरबार से उठाकर बाहर फेंक देने का आदेश दिया। इसने ब्राह्मण के धैर्य को समाप्त कर दिया। चाणक्य क्रोध में आपे से बाहर हो गये। उन्होंने राजा और राज्य पर शाब्दिक शापों की वर्षा कर दी। उन दोनों में से किसी को भी रोकने वाला वहाँ कोई नहीं था। गुस्से में घनानन्द जितना चाणक्य को घायल कर रहा था, चाणक्य का क्रोध उसी अनुपात में बढ़ता जाता था। सिपाहियों ने उसे पकड़ लिया। यह असह्य था। उनके बन्धन से अपने को छुड़ाकर चाणक्य ने अपनी मोटी चोटी खोल दी और गर्जना के स्वर में बोला :

''घनानन्द! मैं तुम्हें सन्मार्ग दिखाने आया था और विलासिता के मार्ग से हटाने आया था ताकि तुम सुरा और सुन्दरियों से मुक्त हो सको। ऐसा नहीं हुआ। तुम विवेक की वाणी न सुन सके। तुमने मुझे अपमानित किया। इस भरे दरबार में सबके सम्मुख मैं यह प्रण करता हूँ कि तुम्हें और तुम्हारे वंश का मैं समूल विनाश कर दूँगा। जबतक तुम नष्ट नहीं हो जाते, तब तक मैं चैन की साँस नहीं लूँगा। जब तक तुम्हें समूल उखाड़ नहीं देता, तब तक मैं अपनी चोटी नहीं बाँधूगा।''

क्रोध के उसी आवेश में चाणक्य दरबार से बाहर निकल गये। सब ठगे–से रह गये।

चाणक्य ने कालान्तर में अपना प्रण पूरा किया।

व्याख्या : *कोई प्रण न करें या कोई शपथ न लें, किन्तु अगर प्रण ले ही लिया, तब अपनी सारी शक्ति लगाकर उसे पूरा करें। वैसी स्थिति में अपनी सारी ऊर्जा और सारा ज्ञान उसे पूर्ण करने में लगा दें ताकि आपका प्रण पूरा हो, आप आदर के पात्र बनें। असफल होकर तो उपहास्पद हो जायेंगे। विजय आत्मबल भी विकसित करेगी और परम आनन्द भी देगी।*

प्रभाव : *हम अन्दर से विकसित होते हैं। हमारे अंग भी अन्दर से निकलते हैं। ज्ञान अन्तस् में बढ़ता है और विचार वहीं पनपते और रहते हैं। अन्तःकरण शुद्ध और सम्पूर्ण ऊर्जा है। ऊर्जावान बनें ताकि तत्क्षण और पूरी सफलता मिले।*

ऐसा करके चाणक्य स्वयं एक ऊँचे पहाड़ सदृश हो गये, जिसे पार नहीं किया जा सकता; एक गहरा सागर हो गये, जिसे मापा नहीं जा सकता; एक प्रवाहमान आँधी हो गये, जिसे रोका नहीं जा सकता; एक विशुद्ध मानव हो गये, जिसे जीता नहीं जा सकता। चाणक्य शाल वृक्ष से बड़े हैं; एक गुफा–सा सुरक्षित हैं और किरणों–सा प्रकाशमान हैं और पथ प्रकाशित रखने वाले और प्रशस्त करने वाले हैं।

चाणक्य से भय भी किया जाता है और उनकी आराधना भी की जाती है, क्योंकि वे ही एकमात्र ज्ञानी व्यक्ति हैं, जो शीतल सरिता भी है और दहकती ज्वालामुखी, जिनकी शिक्षाओं को जानने और अनुकरण करने पर; तद्नुसार आचरण करने पर कुछ भी ऐसा नहीं बचता, जिसकी उपलब्धि नहीं हो सकती है।

व्यक्तिगत खर्च और राजकीय खर्च

चाणक्य की चारित्रिक ऊँचाई और गहराई पर; उनकी प्रकृति, प्रवृत्ति और व्यवहार पर; उनकी स्वच्छता, निर्लिप्तता प्रकाश डालने या विहंगम दृष्टि डालने के लिए एक ही घटना काफी है, जिससे साफ पता चल जाता है कि उनमें कितनी और कैसी श्रेष्ठता थी और वे कितने प्रभावशाली थे!

यह घटना है छिटपुट गोधूलि बेला में एक दीप बुझाकर दूसरे दीप को जलाकर तब आगन्तुक का स्वागत करने और आसन देने का, जिसका वर्णन मेगास्थनीज ने अपने भारत–यात्रा वृत्तान्त में किया है और जिससे वह सीधे सम्बन्धित है। मेगास्थनीज भारत आया था और चाणक्य के विषय में बहुत कुछ सुनता रहा था। वह उस दिव्य पुरुष से मिलना चाहता था। चाणक्य से मिलना कठिन नहीं था। सूचना दी गयी, स्वीकृति मिली; उस झोंपड़ी की ओर उन्हें भेज दिया गया जिसमें वे रहते थे और चाणक्य ने उन्हें अन्दर बुला लिया।

जब मेगास्थनीज अन्दर पहुँचा, सन्ध्या गहरा गयी थी। चाणक्य एक दीप के मध्यम प्रकाश में कुछ लिख रहे थे। उन्होंने सिर उठाया, आगन्तुक का मौखिक स्वागत किया और पूछा : आपके आने का उद्देश्य क्या है?

उस विदेशी का सीधा–सच्चा प्रत्युत्तर मिला : मैं आपसे मिलने, आपके सम्बन्ध में जानने और कुछ व्यक्तिगत विषयों पर चर्चा करने आया हूँ।

चाणक्य ने कहा : जरा ठहरिए।

एक–दूसरे दीप को चाणक्य ने जला दिया और उस दीप को बुझा दिया। फिर आगन्तुक से बोला : आसन ग्रहण कीजिए।

मेगास्थनीज उसी बड़ी चटाई पर बैठ गया, किन्तु वह दीप परिवर्तन को ध्यान से देख रहा था। वह आश्चर्य में था। आश्चर्य ने प्रश्न का रूप ग्रहण कर लिया। वह पूछ बैठा : मैं समझता हूँ कि कोई कारण अवश्य है कि आपने एक दीप बुझाकर दूसरे दीप को प्रज्वलित किया है जबकि दोनों दीपों और उनके प्रकाश में मुझे कोई अन्तर नहीं दिखलायी पड़ रहा।

चाणक्य ने एक सामान्य–सा उत्तर दिया : दीप बदलने के पूर्व मैंने आपसे आने का उद्देश्य पूछा था। मुझे पता चला कि आप एकदम व्यक्तिगत कारणों से मिलने आये हैं। इसलिए मैंने उस दीप को जला दिया, जिसमें मेरी कमाई का तेल था और उस दीप को बुझा दिया, जिसमें राजकीय कोष का तेल जल रहा था। अपने व्यक्तिगत कार्य के लिए मैं राजकीय कोष का उपयोग नहीं कर सकता।

आगन्तुक को यह समझ में नहीं आया कि वह किस रूप में अपनी प्रतिक्रिया व्यक्त करे। वह जानता था कि चाणक्य ही मौर्य राज्य का सर्वेसर्वा है। वही ऐसी निष्ठा दिखा सकता है या वैसा ही कोई गर्वित व्यक्ति इसे छोटी बात समझ सकता है।

मेगास्थनीज झुका और धीरे से बोला : यही आपकी विशिष्ट शक्ति है।

व्याख्या : *कोष का पूर्व निश्चित परियोजना से निकालकर किसी अन्य परियोजना में लगाना खतरनाक है। यह आन्तरिक सम्बन्धों को और किये जाने वाले कार्यों को प्रभावित करेगा तथा उनके पूरे होने में सन्देह हो जायेगा। एक परियोजना अधूरी है ही, दूसरी भी अधूरी रह जायेगी। ऐसा कोष–स्थानान्तरण के बदले पुरजोर चेष्टा होनी चाहिए कि दूसरी परियोजना के लिए भी समुचित कोष एकत्रित हो जाये ताकि दोनों ही परियोजनाएँ पूरी हो जाएँ।*

प्रभाव : *धन, बुद्धि और कार्य को मिलाइए, प्रभाव मिल जायेगा और प्रभावित हो जायेगा। किसी भी तरह की मिलावट बराबर खतरनाक है, व्यक्ति के लिए भी और संगठन के लिए भी।*

वास्तु विक्रय : सम्पत्ति–व्यापार

आज के युग में जमीन, मकान या ऐसी स्थायी सम्पति का व्यापार अतिशय लाभप्रद है। बड़े व्यापारी और व्यापारिक संगठन इस क्षेत्र में आ गये हैं। अब यह स्पष्ट हो गया है कि मानव का और पैसे का बहुत अवमूल्यन हो गया है। आज से तीस वर्ष पूर्व जो जमीन सौ रुपयों में मिलती थी, अब एक लाख से अधिक में मिल रही है। सोने के मूल्य में इसके अनुपात में बहुत कम वृद्धि है और इस अनुपात से कहा जाय, तब अन्न की कीमत में कोई बढ़ोतरी ही नहीं हुई है। एक रुपया का गेहूँ दस रुपये में मिल रहा है।

चाणक्य ने विक्रय; नीलामी; खेतों का सीमांकन; कर में छूट और इनमें किसी भी तरह के धोखे या अतिशयता के लिए दण्ड निश्चित किया है।

नीलाम में तीन बार हथौड़ा पीटकर नीलामीकर्ता एक, दो, तीन कह देता है, तब उस मूल्य को अन्तिम माना जायेगा। लोगों को भ्रम रहा है कि नीलामी की ऐसी प्रणाली यूरोप से आयी है, ऐसा नहीं है। यह चाणक्य के समय में भी प्रसिद्ध थी। यह परम्परा पहले से भी रही होगी, किन्तु इसे अर्थशास्त्र 3:65:9 में लिखित रूप से पाया जाता है : ***त्रिः आघोषितं व्याहतं क्रेता क्रेतुम लभेत्।***

एक तो परम्परा थी कि अपने खेत या जमीन को बेचने वाला पहले अपने पड़ोसी से पूछेगा या मुखिया या अन्य स्थानीय शीर्ष अधिकारी को कहेगा। उनके नकार देने पर ही वह किसी अन्य से बात करेगा : ज्ञाति सामन्त धनिकाः ***क्रमेण भूमि परिग्रहान् क्रेतुंभ्या-भागेयुः। ततो अन्ये बाह्यः***। आज स्थिति ऐसी बदली है कि लोग चुपके से अपनी जमीन बेच देते हैं या गुपचुप खरीद लेते हैं। अनेक नियम आज भी हैं, अनुपालन नहीं है।

चाणक्य का कहना है कि उस व्यक्ति से कोई क्रमानुसार पाँच, चार या तीन वर्षों तक कर नहीं लिया जाना चाहिए, जो जलाशय खोदवाता है या किसी जलाशय को साफ अथवा गहरा कराता है : ***तडाग-सन्तुबन्धानां नव-परवर्तने पंच-वर्षिकः परिहारः।***

चाणक्य ने तो सड़कों; गाँवों; चरागाहों; भूमि; सामाजिक कार्य; कर्ज और सूद तथा रेहन आदि की व्यवस्था को भी निश्चित किया है। सूद के सम्बन्ध में विचार बहुत स्पष्ट हैं कि सामान्य जन से केवल 1.25 प्रतिशत; व्यापारी से 5 प्रतिशत; जंगल में रहने और व्यापार करने वाले से 10 प्रतिशत और जो समुद्र से व्यापार करते हैं, उनसे 20 प्रतिशत सूद लिया जाये :

सपाद पणा धर्म्या मासवृद्धि-पण शतस्य। पंचपणा व्यावहारिकी।
दश-पणा कान्तारगाणाम्। विंशति पणा समुद्राणाम्।

2

जीवन, चिन्तन और उपलब्धियाँ

चाणक्य आध्यात्मिक और बौद्धिक चिन्तक कल्पनाशील, सर्जनात्मक और अथक श्रम करने वाले निर्लिप्त महामात्य थे; संघर्षशील व्यक्ति; कार्य सम्पन्न करने, कराने वाले निर्देशक थे; नियन्त्रक अर्थशास्त्री थे; नीतिज्ञ सलाहकार थे; सूचनाएँ बिखराने और एकत्र कराने वाले रहस्यपूर्ण नियन्त्रक थे; अनुभवी और प्रभावशाली राजनयिक थे यानी अपने में वे एक सम्पूर्ण संगठन थे। इन सभी कार्यों में वे अतुलनीय थे और किसी एक क्षेत्र में उनका प्रतिद्वन्द्वी हजारों वर्षों में भी उभरकर सामने न आया। उनकी आन्तरिक शक्ति और बाह्य उपलब्धि करोड़ों के लिए प्रेरणास्रोत रही है; आज भी है।

पूर्व के सभी नीतिज्ञों की नीति; दार्शनिकों का दर्शन और अर्थशास्त्रियों का सिद्धान्त और व्यवहार जानकर, समझकर अपना शिक्षण–प्रशिक्षण तकनीक निकालनेवाले प्रथम विजयी व्यवस्थापकीय गुरु चाणक्य ही थे जिन्होंने प्रशासन की ऐसी सीधी–टेढ़ी; खड़ी–पड़ी प्रक्रिया को विकसित किया, जिसके असफल होने का प्रश्न ही नहीं उठता, क्योंकि उसमें प्रत्येक चढ़ान, ढलान, फिसलन और प्रत्येक चढ़ाई, विस्तार और उठान के समय उठाये जाने वाले कदमों की सर्वांगीण व्याख्या है और वहीं से निकलकर, उठकर, शासन स्थिर कर सब कुछ सम्भाल लेने का विस्तृत ब्योरा है। इसीलिए वे सबके लिए हो गये और सर्वकालिक हो गये।

इसलिए वे सर्वश्रेष्ठ और सर्वाधिक शक्तिशाली चिन्तक, मन्त्री, प्रबन्धक, निर्देशक हो गये। उनका सबसे कड़ा कदम था, भारतवर्ष के सर्वाधिक शक्तिशाली अमात्य पद का त्याग और उसे अपने सबसे बड़े शत्रु को दे देना। यह भी उस समय, जब वे अपनी पूरी उठान पर थे, शीर्ष पर थे और सबके द्वारा पूजित हो रहे थे। यह भी तब जब उन्होंने पूरे देश को एक सूत्र में बाँधकर एक सक्षम सशक्त राष्ट्र बना दिया था। उसका फल खाने के पूर्व उसे दूसरे को शाप देने की कल्पना भी कोई बाद का व्यक्ति नहीं कर सकता था; आज का तो ऐसी बात सोचेगा ही नहीं; तब और भी नहीं जब दूसरे को अपदस्थ करके सर्वत्र पद छीनने की होड़–सी मची है। इस होड़ में सभी देशों में और प्रतिवर्ष खूब मार–काट, विस्फोट व रक्तपात हो रहा है।

शासक की खोज

चाणक्य को पता था कि वे योद्धा नहीं हैं, वे मैदान में जाकर युद्ध नहीं कर सकते, वे पुस्तकें ढो सकते हैं, तलवार नहीं। वे व्यूह रच सकते हैं, गर्दन नहीं काट सकते। किन्तु उन्हें नन्दवंश का विनाश करना था। उन्हें एक योद्धा चाहिए था, जो नन्दवंश के विनाश में उनका सहभागी बने और विजय के बाद सक्षम शासक बनकर साम्राज्य चलावे, क्योंकि चाणक्य पर्दे के पीछे से संचालन कर सकते थे, सेना का नायकत्व नहीं।

इसलिए उन्हें एक बहादुर सैनिक; विनम्र व्यक्ति; अनुशासित शिष्य; बुद्धिमान, शक्तिमान और सुदर्शन युवा की आवश्यकता थी, जो मिले तो सबसे, किन्तु उसकी वैयक्तिक पहचान बनी रहे। ऐसा ही कोई व्यक्ति उनके प्रण को सत्य कर सकता था; उनकी योजनाओं को क्रियानीवत कर सकता था; उनके विचारों को यथार्थ कर सकता था और शिखर पर चढ़ सकता था। वे ऐसे व्यक्ति की खोज में थे। भाग्य उनके साथ था।

एक दिन, गंगा के तटीय मैदान में पिपल्ली कानन नामक स्थान पर जो बिहार के चम्पारण पूर्व का आज का 'पिपरा' नामक ग्राम है, जो सदा हरा–भरा रहा करता था, चाणक्य घूमते हुए आ गये। उन्होंने गायों और चरवाहों को देखा। एक लम्बे तगड़े लड़के ने उनका ध्यान खींच लिया। वह बालक एक ऊँचे पत्थर पर तन कर खड़ा था। वह गायों की ओर भी देख रहा था और लड़कों को आदेश भी दे रहा था।

उस समय वह राजा बना हुआ था। चाणक्य उस नाटक में रम गये। वह उस पत्थर पर ऐसे बैठा, जैसे कि वह सिंहासन हो। उसने कई लड़कों को सैनिक और सन्देश वाहक का कार्य करने के लिए इधर–उधर भेजा। जब उसने चाणक्य को देखा, तब उन्हें पास बुलाया। निकट आने पर उसने पूछा : विद्वान् ब्राह्मण! आपको क्या चाहिए?

बच्चे को पता था कि ब्राह्मण का सत्कार कैसे किया जाता है। विनम्र भाव से चाणक्य ने कहा : मुझे गायें चाहिए कि मेरे छात्रों को दूध मिल सके।

वह लड़का दान का महत्त्व जानता था। बिना किसी हिचकिचाहट के उसने आदेश दिया : इस विद्वान् ब्राह्मण को एक सौ एक गायें दी जायें।

उसी विनम्र भाव से चाणक्य ने पूछा : क्या आपने अपने अभिभावकों से आदेश प्राप्त कर लिया है?

किसी राजा को किसी अन्य से आदेश लेने की आवश्यकता नहीं पड़ती। लड़का निश्चित रूप से राजा के अधिकार को जानता था। वह यह भी जानता था कि वह कुछ अच्छा कर रहा है। व्यक्ति को दानी होना ही चाहिए।

उसी भाव में चाणक्य ने पूछ लिया : आपके माता–पिता कहाँ हैं?

गाँव की तरफ तर्जनी से इंगित करते हुए बालक कुछ भाव–विभोर–सा हो रहा

था। चाणक्य पहले ही उसके ललाट को पढ़ चुके थे, अब हथेली को पढ़ने का भी अवसर मिल गया। उन्होंने वह देख लिया जिसकी उन्हें खोज थी।

लड़के ने कहा : मेरे पिता नहीं हैं। मेरी माता वहाँ रहती हैं।

आपकी माता का नाम क्या है? चाणक्य और भी जानना चाहते थे।

माता मूरा। यह भावुक उत्तर था।

राजा की जय हो। मैं गायें लेने के लिए वापस आऊँगा। चाणक्य ने बच्चे को आशीष दिया और गाँव की ओर चल पड़े।

वे बच्चे की माता से मिले। बच्चा भी वहीं आ गया। राजा बनाने के लिए बच्चे को चाणक्य ने माँगा। अपने एकलौते बच्चे से अलग होने के लिए माता मूरा तैयार नहीं थी। बच्चा भी माँ की तरफ ही था। चाणक्य ने केवल सन्ध्या ही नहीं, पूरी रात उन्हें समझाने में व्यतीत कर दी।

अगली सुबह ज्यादा चमकदार थी। चाणक्य बच्चे को लेकर आश्रम पर आ गये ताकि उसे शिक्षित और प्रशिक्षित किया जा सके। उस आश्रम में रहने वाले सभी छात्र उनकी दृष्टि में भविष्य के प्रशासक थे।

उस बच्चे को नया नाम दिया गया 'चन्द्रगुप्त मौर्य' और वही मौर्य वंश के संस्थापक के नाम से जाना गया। उसकी माँ मूरा की स्मृति में ही उसके नाम के बाद 'मौर्य' जोड़ा गया।

***व्याख्या :** सश्रम और बुद्धिमतापूर्ण चुनाव से ही तनाव और बोझ कम हो जाते हैं। अगर मानव संसाधन मजबूत और क्रियाशील नहीं है तब बहुत कुछ करने की आवश्यकता पड़ जाती है किन्तु अगर वह कुशल और परिश्रमी है तब समय और व्यय में बहुत बचत होती है।*

प्रभाव : सर्वश्रेष्ठ का चुनाव कीजिए और निश्चिन्त रहिए; साधारण का चुनाव कीजिए और सदा द्वन्द्व में उलझे रहिए।

प्रशासक गुरु

सब कुछ इच्छानुसार पा लेने के बाद चाणक्य स्वतः सेवा–निवृत्त हो गये और पुस्तक के लेखन में लग गये, किन्तु अपनी गुप्तचर–व्यवस्था को क्रियाशील रखा और वहीं से हर चीज पर नजर रखा। साथ ही, प्रशासकों को प्रशिक्षण भी देते रहे। वह स्वयं तो कड़े प्रशासक थे ही, किन्तु नियमों को एकत्रित करने में लगे रहे और उसके आधार पर अपने और कड़े नियम बनाते रहे, जिसमें माप–तौल जैसी लघु इकाइयों से लेकर आक्रमण और रक्षा के कठिन, किन्तु सफल व्यूह–रचना भी सम्मिलित थे। और इस तरह, राजा को, राज्य को और प्रशासन को सशक्त बनाते रहे।

कौटिल्य के नाम और रूप में ही चाणक्य को विश्व का प्रथम प्रशासन गुरु माना जाता है, जबकि उनके पूर्व भी भारत में राजाओं और राजकुमारों को शासन–प्रशासन

की शिक्षा की परिपाटी और लम्बी परम्परा रही है। उसमें एक विशेषता थी कि वह पद्धति पूर्णरूपेण अन्तः–बाह्य शुद्धि पर आधारित थी और अनैतिक आचरण को पाप कर्म घोषित किया जाता था।

चाणक्य ने पहली बार उन सभी आचरणों को एकत्रित किया और उसी रूप में प्रत्युत्तर दिया। वे अघोषित नहीं रहीं और दृढ़ता से उनका प्रतिकार भी होने लगा। उन्हें व्यवस्था का प्रामाणिक हथियार बनाने के पहले चाणक्य ने स्वयं उपयोग करके परीक्षण किया, तब कौटिल्य अर्थशास्त्र में लिपिबद्ध किया। उन्हीं सब हथियारों, हथकण्डों और शिष्ट–विशिष्ट आचरण से वे मौर्य–साम्राज्य की स्थापना करके और उसे इतना विस्तार दिया कि आस–पास के लघु, बड़े राज्य तो उसमें मिल ही गये, सुदूर सीमावर्ती राज्य भी सम्मिलित हुए या जीते गये और पड़ोस के देशों को भी मिला लिया गया और पुनः एक बार बृहत्तर भारत, प्राचीन आर्यावर्त्त, अपना पूर्व आकार और ऊँचाई पा गया।

इसके पीछे चाणक्य के प्रशासन–सूत्र और सिद्धान्त तो थे ही, साथ ही जो प्रशिक्षण चाणक्य ने दिया और जिसे चाणक्य के शिष्य फैलाते रहे, उसने भी उन्हें प्रशासक–गुरु के रूप में स्थापित किया। यह और बात है कि यह स्थापना केवल भारत तक सीमित रही और मुगल काल में लुप्त होने लगी। किन्तु भारतीयों ने कभी चाणक्य को भुलाया नहीं। वे गाँवों में जा बसे और ग्रामीण जीवन, सत्संग और पंचायतों में उद्धृत किये जाने लगे। सत्य यह है कि भारतीयों के बीच तुलसी के बाद सबसे अधिक उद्धृत किये जाने वाले चाणक्य ही हैं। विशेषकर छात्रों को उनके उद्धरण ज्यादा सुनाये और पढ़ाये जाते थे। यह और बात है कि विगत दस वर्षों के अन्दर चाणक्य को सभी पाठ्यक्रमों से बाहर निकाल दिया गया है। इसका लाभ दूसरे रूप में मिला है कि देश और विदेश सभी जगह व्यवस्थापकीय शिक्षण–प्रशिक्षण संस्थानों में चाणक्य ने अपने बलबूते पर पुनः स्थान बना लिया है और वह भी दिन दूर नहीं लगता, जब वे एक बार फिर सभी पाठ्यक्रमों में स्थान पा लेंगे। जब कुछ नहीं था, तब चाणक्य को कोई रोक नहीं पाया, अब जब वे पुस्तकों में बिखरे हुए, लोगों के मन में बसे हुए हैं, तब चाणक्य को कौन रोकेगा?

चाणक्य की सहजता और सरल भाषा उन्हें सदा जीवित रखने के लिए काफी है। संस्कृत में जिसे सन्धि कहा जाता है, उसका अगर विग्रह कर दिया जाये, तब चाणक्य सबसे सरल भाषा में लेखन करने वाले विश्व के सबसे बड़े लेखक बन जाते हैं। उतने सामान्य शब्दों से वैसी गूढ़ और सहज अभिव्यक्ति कोई भी कभी भी नहीं दे पाया। गहन और सूक्ष्म विषय की ऐसी सरल अभिव्यक्ति स्वयं में एक आश्चर्य है।

चाणक्य की शिक्षा

चाणक्य के बाल्य–काल और शिक्षा के सम्बन्ध में विशेष जानकारी उपलब्ध नहीं है, अन्य ऋषियों, सन्तो, आचार्यो की भाँति। कारण बस यही है कि भारतीयों ने व्यक्ति और उसके जीवन को महत्त्व नहीं दिया, क्योंकि शरीर मरणशील है; उन्होंने सत्कर्मों

को महत्त्व दिया इस घोषणा के साथ की *'कीर्तिः यस्य स जीवति'*; जो अच्छे कर्म करता है, वही जीवित रहता है। भौतिक काया मर जाती है, किन्तु यश समाप्त नहीं होता।

किन्तु चाणक्य के सम्बन्ध में एक बात निश्चित रूप से स्वीकारी जाती है कि तक्षशिला की पढ़ाई समाप्त कर वहीं वे अध्यापक हुए और आचार्य पद पर कार्य करते समय ही यह विचार आया कि देश–भ्रमण किया जाये और वे निकल पड़े।

तक्षशिला में शिक्षण की यह परम्परा थी कि सभी छात्रों को पहले साहित्य और धर्म की पूरी शिक्षा दी जाती थी। उसमें निपुण होने के पश्चात् अन्य शास्त्रों और दर्शन की शिक्षा दी जाती थी। इन दोनों को ही मिलाकर साहित्य और दर्शन कहा जाता था। यह संसार का सबसे बड़ा विश्वविद्यालय था। छात्रों को पहले वहाँ पढ़ाये जानेवाले सभी सामान्य विषयों की शिक्षा पूरी करायी जाती थी, जिनमें निम्नलिखित विषयों की चर्चा आती है :

तक्षशिला में पढ़ाये जाने वाले विषय

साहित्य	दर्शन
विभिन्न भाषाएँ	व्याकरण
इतिहास	गणित
अर्थशास्त्र	ज्योतिष शास्त्र
भूगोल	ब्रह्माण्ड; निगम, आगम
विज्ञान	चिकित्सा–शास्त्र
आयुर्वेद	शल्य–चिकित्सा
कृषि–शास्त्र	प्राचीन विज्ञान
धनुर्वेद	युद्ध विज्ञान

इन सभी विषयों का अध्ययन कर लेने के बाद ही छात्र कोई अन्य विषय का चुनाव करता था और जिन विषयों की ज्यादा माँग थी, उनमें न्याय; औषधि; शल्य–क्रिया; व्यूह रचना; वेदों के बाद उपवेदों, उपनिषदों और पुराणों के बाद स्थापत्य, संगीत, चित्रकला सहित अठारह कलाओं की भी शिक्षा दी जाती थी। हालाँकि प्राप्त सूची में पशुशास्त्र; जड़ी–बूटी; विष–विज्ञान आदि नहीं हैं, किन्तु चाणक्य को इन सभी चीजों की गहराई से जानकारी थी। या तो दी गयी सूची अधूरी है अथवा चाणक्य ने इनके विशेषज्ञों से अलग शिक्षा अवश्य ली होगी।

त्रिकालदर्शी

चूँकि तक्षशिला विश्वविद्यालय में विभिन्न विषयों में शोधकार्य भी चलते थे, इसलिए वहाँ भी ऐसा ज्ञान मिल सकता था अथवा नालन्दा के मगध क्षेत्र में रहने वाले वृद्ध, सेवा–निवृत्त आचार्य से ही उन्होंने ज्ञान प्राप्त किया हो। बाद का व्यक्तिगत अनुभव और स्वाध्याय अलग है, किन्तु चाणक्य ने सारा ज्ञान तक्षशिला से ही ग्रहण किया और वहाँ अध्यापन भी किया।

इन अटकलों को स्थान केवल इसलिए मिल रहा है कि चाणक्य की उपलब्ध पुस्तकें और उसकी उपलब्धियाँ यह प्रमाणित करती हैं कि प्रत्येक विषय को वे गहराई से जानते थे और उनकी अवधारणाएँ इतनी स्पष्ट हैं तथा सर्जनशीलता इतनी महत्त्वपूर्ण हैं कि यह तथ्य स्वयं स्थापित हो जाता है कि वे केवल बुद्धिमान ही नहीं थे, जो केवल वर्तमान का ज्ञान रखता है; वे केवल मतिमान ही नहीं थे, जो केवल भविष्य का ज्ञान रखता है, बल्कि वे प्रज्ञावान थे, जो तीनों कालों, काल के तीनों विभाजनों भूत, वर्तमान और भविष्य तीनों को ही जानता है। चाणक्य त्रिकालदर्शी सर्जक थे।

आधुनिकता की निर्भरता

तब से बराबर सम्राट् अशोक आदि अर्थशास्त्र के सिद्धान्तों के आधार पर राजकाज का संचालन करते आये हैं। देखने की बात यह है कि जब पूरी दुनिया में चाणक्य के सिद्धान्त प्रसिद्ध हो गये हैं और हर जगह उसे माना और पढ़ा जाने लगा है, तब आज के प्रशासक किस प्रकार का प्रशासन देकर दुनिया से भय और मशीनों पर निर्भरता घटा पाते हैं; अथवा बिजली और कम्प्यूटर पर सम्पूर्ण लेखा और व्यवस्था के कारण बिजली पर शत–प्रतिशत निर्भरता से तथा हथियारों से बचाते हुए सबकी सुरक्षा कर पाते हैं।

आज से पचास वर्ष पूर्व तक भारतीय आत्मनिर्भर थे। गाँवों को बाइस से बयालिस टोलों में बसाया गया था ताकि विभिन्न परिवार मिलकर वहाँ की सभी आवश्यक आवश्यकताओं की पूर्ति कर लें। अन्य व्यवस्थाओं की तरह यह व्यवस्था भी परिवर्तित हो चुकी है और किसी न किसी रूप में मशीन हर जगह पहुँच चुका है, जिसे चलाने के लिए अन्य अनेक चीजों की आवश्यकता होती है, जो गाँवों से नहीं कारखानों से आते हैं। अब आत्मनिर्भरता नहीं रही।

यह इसलिए भी चुनौतीपूर्ण है कि मशीन वहीं काम करती है और वही कर सकती है, जो उसे कहा जाता है; जिसको कच्चा माल दिया जाता है अथवा जिसके लिए वह बनी है। मशीन कभी भी न आदमी हो सकती है और न विभिन्न कार्य करने की शक्ति पा सकती है। इसीलिए जितनी सुरक्षा की चेष्टा हो रही है जीव असुरक्षित और समाप्त होता जा रहा है। आदमी खरबों गुणा खरबों प्रतिवर्ष खर्च करके भी मच्छर तक का उन्मूलन न कर सका। मशीन जल्दी बनाता है इसलिए अनावश्यक चीजों का और हथियारों का ढेर लगता जा रहा है। कचड़ा की विश्वव्यापी समस्या इस कठिन दौर में पहुँच गयी है कि छोटे नगरों को भी साफ रखने के लिए, कचरे हटाने के लिए, नालियों की सफाई के लिए करोड़ों रुपयों पर भी कोई ठीकेदार स्वीकार नहीं कर रहा है। अनेक मशीन लगाकर भी यह कार्य नहीं हो पा रहा है। महान्‌गरों के निगमों का वार्षिक बजट केवल देख लेने की जरूरत है, स्थिति साफ हो जायेगी कि कचरे से जूझते–जूझते लोगों का दिमाग कचरा हो गया है। या गन्दगी दिमाग में भर रही है या दिमाग से निकल रही है। पहले के कचरे गलकर खाद बनते थे आज के कचरे गलते नहीं और धरती की उर्वरा–शक्ति सोख जा रहे हैं।

यह प्रशासकों के समक्ष छोटी चुनौती है। बड़ी चुनौतियाँ उसी तरह पड़ी हुई हैं। डाक्टरों और दवाइयों, पारम्परिक और आधुनिक उपकरणों और अस्पतालों के बावजूद कुछ मजदूरों को छोड़कर शेष सारे लोग, शारीरिक या मानसिक, किसी न किसी रोग से पीड़ित हैं।

किस दिशा में और किस कार्य के लिए आज का पूर्ण व्यवसायीकरण चाणक्य का उपयोग करेगा, यह सन्तति के देखने और समझने की बात होगी। व्यवसायीकरण का यह आलम है कि जो शारीरिक स्वास्थ्य और विशुद्ध आनन्द के लिए होता था, उस खेल के लिए भारतीय खिलाड़ियों पर 'व्यावसायिक' न होने का इल्जाम मढ़–मढ़कर बहुत अंश तक व्यावसायिक बना दिया गया है। अब इल्जाम है कि मैच ही फिक्स किये जाते हैं। जब व्यवसाय की बात है तब जूए और सट्टे सहित कई तरह की आमदनी और व्यय की बात होगी। यह केवल उदाहरण के लिए ही प्रश्न है कि आज जो हो रहा है उससे क्या कोई स्वस्थ, सुरक्षित, सुख, आनन्द, सन्तोष से जी सकेगा? जब पशु, पक्षी, जलीय जीव; पेड़–पौधे, औषधियाँ; जड़ी–बूटियाँ और शक्तिवर्द्धक अन्न समाप्त है और सिन्थेटिक, पैक्ड फैक्टरी फूड का बोलबाला है; जल शुद्ध नहीं; शहरों में प्रदूषित हवा बहने लायक भी खुलापन नहीं; ओजोन की परत आधे से अधिक आकाश से गायब है; मकानों, प्लास्टिकों, रासायनिक खादों की बहुलता और गोबर की समाप्ति से खेतों की उर्वरता समाप्त हो रही है; तब मानव–जीवन सुरक्षित कैसे है या रहेगा? प्रश्न छोटा कर दिया जाये। क्या धरती पर जीव बचेंगे?

चाणक्य की व्यवस्था

चाणक्य की व्यवस्था का विस्तृत वर्णन कौटिल्य अर्थशास्त्र में मिलता है, जो पन्द्रह अधिकरणों और 180 अध्यायों में विभाजित है। उसे **खण्ड चार** में दिया गया है। उन्होंने एक–एक कर उन सभी मार्गों, सन्धियों, अनुबन्धों और अधिग्रहणों का वर्णन किया है, जिससे अपना शासकीय साम्राज्य और व्यावसायिक प्रतिष्ठान, या व्यक्तिगत विस्तार और समृद्धि पायी जा सकती है। उन्होंने उन सबका भी स्पष्ट वर्णन किया है, जिससे घोटाले हो सकते हैं; हत्याएँ की जा सकती हैं अथवा अपने को, परिवार को और धन को सुरक्षित रखा जा सकता है। इसमें कड़े दण्ड–विधान हैं, जिनमें युवराज, राजकुमार, पुत्र, मित्र या बन्धु को भी नहीं छोड़ा गया है। अपराध के अनुसार ही दण्ड है और दण्ड में क्रूरता नहीं बौद्धिकता है।

जो चाणक्य नीतिशास्त्र है और जो चाणक्य–सूत्र हैं, जिन्हें पूरा का पूरा यहाँ दिया है, उनमें सर्वाधिक महत्त्व आत्म–विकास, आत्म–नियन्त्रण और स्वयं को सुव्यवस्थित करने, रखने पर दिया गया है। अगर व्यक्ति व्यवस्थित है, तब दूसरे महत्त्वपूर्ण अवयव समय को व्यवस्थित रखकर उसका सदुपयोग कर सकता है। व्यवस्थित समय के बाद ही सुव्यवस्ति धन आता है। वैसा ही आदमी अपने धन को सुव्यवस्थित रख सकता है और वही व्यक्ति चौथे चरण में परिवार को व्यवस्थित रख पायेगा और वही आगे बढ़कर समाज और राज्य की सुव्यवस्था में सक्षम होगा।

शत्रु का शत्रु मित्र

चाणक्य की व्यवस्था का एक सूत्र तो यही था कि 'शत्रु का शत्रु मित्र होता है।' किन्तु इसी से क्या होता है? वैसे व्यक्ति को यह विश्वास दिलाना पड़ता है कि उसकी भरपूर सहायता की जा सकती है और वैसा करने की क्षमता है। तभी वह सब कुछ करने और कुछ भी दे देने के लिए तैयार रहता है। एक ऐसी ही उल्लेखनीय और अविस्मरणीय घटना नीचे दी जा रही है।

मगध सम्राट् घनानन्द न तो बुद्धिमान ही था और न शक्तिशाली ही किन्तु उसमें कामुकता और उदण्डता भरी हुई थी। यही व्यवहार उसके मातहतों में भी था। वे भी अत्याचारी हो गये थे।

उसके कुछ कर्मचारी और अधिकांश लोग उसके विरोध में थे, किन्तु खुलकर सामने आने से डरते थे। किसी में ऐसा साहस नहीं था कि खुलकर कुछ बोल सकें। अपने अहंकार में घनानन्द राजा के कर्तव्य और प्रजा की सुरक्षा भूल गया। यह भी भूल गया कि प्रजा से ही मुकुट मिलता है; रहता है और प्रजा के द्वारा ही छीन लिया जाता है। चाणक्य तो यह सब देखता आया था और सब जानता था, किन्तु प्रजा को जब चाणक्य की प्रतिज्ञा की जानकारी मिली और घनानन्द के समूल विनाश की बात आयी, तब एक आशा जगी कि उन्हें शान्ति मिलेगी अगर वह व्यक्ति विजयी हो जाता है तब। इसको बल तब मिला, जब कुछ नहीं से ही चाणक्य ने एक सेना खड़ी कर ली और यहाँ–वहाँ आक्रमण करने लगा। लोग दबे स्वर में उसकी प्रशंसा भी करने लगे, उसके साथ भी थे किन्तु सामने नहीं आ रहे थे। उसी पृष्ठभूमि में यह घटना घटी।

यह सिर्फ संयोग था कि तीन अलग–अलग क्षेत्र गया तीर्थ; मिथिलांचल और वैशाली के पण्डा, वैश्य और कुछ धनी व्यक्ति चाणक्य से मिलने के लिए चले। गुप्तचरों से सूचना मिली। चाणक्य ने संयोग को लाभार्थ कुछ ऐसा जोड़ा कि तीनों ही क्षेत्र के लोग एक ही दिन पहुँचे। ठहराने की व्यवस्था हुई और मिलने का समय निश्चित हुआ।

चूँकि चाणक्य को उनके आने का पता था, तब उद्देश्य और समस्याएँ भी जानता था। यद्यपि उसकी गुप्तचर व्यवस्था छोटी थी, मगर महीनों से कार्य कर रही थी। जहाँ जाता वहाँ के कुछ चुने हुए लोगों को एकान्त में अलग–अलग गुप्तचर का कार्य सौंप देता था। वह उन लोगों का परिचय भी जान चुका था, जो आये थे। एक समय आने से यह प्रमाणित हो गया था कि कई क्षेत्र के लोग घनानन्द के विरुद्ध थे और चाणक्य की सहायता के लिए तत्पर थे।

चाणक्य ने पहले गया क्षेत्र के लोगों से मिलना तय किया, क्योंकि वह राजधानी के निकट था, लोग दबंग थे और शासकीय व्यवस्था पर प्रभाव रखते थे। यद्यपि कि वैशाली क्षेत्रवाले भी निकट के थे, किन्तु प्रशासन पर उनका प्रभाव नहीं था और मिथिलांचल थोड़ी दूरी पर था और घनानन्द उन्हें महत्त्व नहीं देता था।

लोगों को अपने पास बुलाने के बदले चाणक्य उस बड़े भवन में गया, जिसमें उन्हें ठहराया गया था। उसने सबका अभिवादन और स्वागत किया। उनका नायक सामने आया और अपना नाम अभय श्रॉफ बताया, जो परम्परागत ढंग से सोने का व्यवसायी था। दूसरों का नाम नहीं बताया गया, किन्तु चाणक्य समूचे दल को जानता था।

अभय श्रॉफ ने सबकी समस्याएँ सामने रखीं और निम्नलिखित शब्दों में समापन किया। हम जीने के बदले व्यथित हैं। इसलिए सुरक्षा, समृद्धि और शान्ति के लिए कुछ भी करने को तैयार हैं।

चाणक्य ने घोषणा की : किसी भी तरह की सन्धि का यह परिपक्व समय नहीं है, किन्तु यह एक आचार्य के शब्द हैं कि जब चन्द्रगुप्त मौर्य गद्दी पर आसीन होगा, तब आपसे सर्वोत्तम सन्धि की जायेगी। आपकी खेती और आपके व्यापार को विशेष सुविधाएँ प्राप्त होंगी। तब जंगल से ज्यादा मिलेगा और नदियाँ ज्यादा सिंचाई करेंगी। प्रजा सुरक्षित और सन्तुष्ट रहेगी।

चाणक्य का स्पष्टीकरण विश्वास करने लायक था। चाणक्य ने जोड़ा : शासन का अर्थ सुरक्षा और विकास है। वह सुरक्षा और विकास सबको प्राप्त होगा। यह सत्य है, केवल शाब्दिक आश्वासन नहीं है। कल से आपके पास न तो मगध के सैनिक आयेंगे और न अधिकारी।

चाणक्य की यह दूसरी घोषणा थी। नायक ने पुनः कहा : इस आश्वासन पर हम आपके लिए अस्त्र–शस्त्र का निर्माण करेंगे और नियमित आपूर्त्ति। मगर यह सम्भव कैसे होगा?

आपके क्षेत्र के चारों क्रूर अधिकारी कल रात मारे गये। आपके क्षेत्र में जाने वाले दोनों ही मार्ग सुरक्षित कर दिये गये हैं। उनपर हमारा अधिकार है और उधर से मगध सेना नहीं जा सकती। आप ही के लोग उन अधिकारियों का स्थान लेने की तैयारी कर रहे हैं।

चाणक्य ने उन कार्यों को स्पष्ट किया, जिसे उसके मुट्ठी भर सैनिकों ने रात्रि में पूरा किया था ताकि आगन्तुक क्षेत्रीय नायकों का बिना शर्त सहयोग और समर्थन मिले।

उनके चेहरे पर प्रशंसा के भाव थे; अन्दर आनन्द खिल रहा था और बाहर आने के लिए व्याकुल था। नायक ने स्वीकारा : आप तीव्र वेग से कार्य कर रहे हैं। वे चारों क्रूर भी थे और अत्याचारी भी, क्योंकि वे महाराजा के काफी निकट थे।

चाणक्य ने कुछ और खुले भेद खोले : मैं ही नहीं सभी अपने कर्तव्य पालन में दृढ़ता से लगे हैं। वह राज्य सुरक्षित नहीं है, अगर वहाँ की प्रजा सुरक्षित नहीं है।

नायक ने कहा : हमारे पास कुछ भरी हुई गाड़ियाँ हैं जिसे आप यह मानकर स्वीकार करें कि यह पहला खेप है। और, अब हमें विदा दीजिए। हमें घटनाओं की विस्तृत जानकारी की उत्कण्ठा है।

वे विदा हुए। चाणक्य शेष दोनों क्षेत्रों के लोगों से भी मिले। कमोबेश सबसे इसी तरह की बातें हुईं। इसलिए चाणक्य को धन की, साधन की और युवा शक्ति की कभी कमी नहीं हुई। वे आराम से इन्हें एकत्रित करते रहे और इनका सर्वश्रेष्ठ उपयोग करते रहे।

चाणक्य के सौभाग्य से भीतर ही भीतर लोगों के अन्दर विद्रोह उफान ले रहा था। फलतः मौर्य सेना की गतिविधियों की सूचना घनानन्द तक काफी विलम्ब से पहुँचती थी। केवल प्रजा ही नहीं, प्रशासन के लोग भी घनानन्द को त्यागकर उनकी ओर आने के लिए बेचैन थे। चाणक्य नन्हे स्थानों, बिखरे हाथों और परिश्रमी प्रजा का मूल्य जानते थे।

व्याख्या : कार्य में, कार्य–स्थल पर कर्मचारियों और मातहतों में सुरक्षा, सन्तोष और स्वतन्त्रता की भावना का लाभ निर्देशक और प्रशासक को अवश्य प्राप्त होता है। क्रियाशीलता और कार्य–कुशलता में अतिशय वृद्धि होती है।

प्रभाव : धन, साधन और कर्मचारियों की बिना रोक उपलब्धता किसी भी परिस्थिति में सफलता को निश्चित करती है।

3

बहुमुखी प्रतिभा-सम्पन्न चाणक्य

जो थोड़ा भी चाणक्य को जानता है और जिसने थोड़ा भी उन्हें पढ़ा है, उसे यह मानने में कभी कोई परेशानी नहीं होगी कि चाणक्य बहुमुखी प्रतिभा के धनी विकट विद्वान् थे। विकट के अतिरिक्त कोई अन्य शब्द उनके लिए प्रयोग करना व्यर्थ–सा लगता है। वैसा थोड़ा–सा भी जानने वाला उनसे प्रभावित हुए बिना नहीं रह सकता।

धर्म–रक्षा

'धर्म' का जो अर्थ सामान्यतः लिया जाता है, वस्तुतः वह कर्मकाण्ड है। धर्म का उपयोग बहुत वृहत्तर अर्थ में किया जाता है। धर्म का सम्बन्ध सामान्य प्राकृतिक और नैतिक कर्मों से है, जैसे कि अग्नि का धर्म जलाना है, वह अपना धर्म नहीं छोड़ सकता। अग्नि है, तब जलायेगा। चार पुरुषार्थों में 'धर्म' पहले आता है, 'अर्थ' बाद में। पश्चिमी विद्वान्ों ने 'अर्थ' को धन तक सीमित करके रख दिया। कोई भी सम्पदा जिसमें पुण्य भी आता है, अर्थ है। इसमें केवल प्रशासन करना या नियमों का पालन करना और कराना ही नहीं आता है, बल्कि इसमें आत्म–नियन्त्रण और आत्मरक्षा से शरीर और जीवों की रक्षा के साथ प्राकृतिक नियमों का अनुपालन तक आ जाता है।

चाणक्य ने सब देखा, सब समझा, इतना ही सत्य नहीं है; उन्होंने यह सब दूसरों को दिखाया। यही उन्हें अन्य से भिन्न बना देता है। इसलिए एक विशेषण में चाणक्य नहीं समा पाते। यही उनकी अतुलनीय सफलता और महान्ता का कारण है। उन्होंने अपने धर्म की रक्षा की ही, दूसरों को भी धर्म–रक्षा का मार्ग बताया और प्रयत्न किया कि सब धर्म की रक्षा करें। इसीलिए धर्म ने सदा चाणक्य की रक्षा की। वह क्षण भर के लिए भी धर्मच्युत नहीं हुए, धर्मविमुख नहीं हुए। धर्माचरण पर बने रहे। क्योंकि वे जानते थे ***धर्मो रक्षति रक्षितः***। धर्म की रक्षा करें, धर्म आपकी रक्षा करेगा।

पाटलिपुत्र में नारी–रक्षा

तक्षशिला का प्रतिभा–सम्पन्न और जोश से भरे छात्र और आचार्य पाटलिपुत्र आ गये, जो तब के मगध साम्राज्य की अति सुन्दर राजधानी के रूप में प्रसिद्ध था। ये ही सुप्रसिद्ध चाणक्य थे। सन्ध्या समय बाजार के निरीक्षण के लिए निकले। यह एक

स्वच्छ नगर था, जिसमें सुन्दर भवन थे और सजी हुई दुकानें थीं।

जब वे स्थापत्य के सौन्दर्यशास्त्रीय अध्ययन में निमग्न थे, तब उन्होंने नारी स्वर में सहायता की पुकार सुनी। उन्होंने ध्वनि की दिशा में मुड़कर देखा। एक स्त्री को दो ताकतवर व्यक्ति उसकी इच्छा के विरुद्ध खींचते हुए लिए जा रहे थे। वह शक्ति भर प्रतिरोध कर रही थी और सहायता के लिए चिल्ला रही थी। उन्हें आश्चर्य हुआ कि उस स्त्री की सहायता के लिए कोई नहीं आया। वे स्थिर पग धरते उनके पास तक पहुँच गये और पूछा : आप लोगों को क्या परेशानी है कि उस स्त्री को बकरी समझकर आप वधस्थल की ओर खींचते चले जा रहे हैं? उसने क्या आपको धोखा दिया है या आपका धन लूट लिया है?

उनमें से एक ने कहा : यह तुम्हारा दायित्व नहीं है। जहाँ जा रहे हो वहाँ जाओ। हमें अपना काम करने दो।

और आपका काम एक काँपती, चीखती महिला को खींचते हुए लिये जाना है। क्या आप निश्चित हैं कि आपको इसी अनैतिक और असामाजिक कार्य के लिए रखा गया है? चाणक्य ने शिक्षक की धीरता दिखायी।

उसी व्यक्ति ने पुनः कहा : चले जाओ। अपना समय व्यर्थ न करो और हमें नैतिकता न सिखाओ।

आपको शिक्षा और पिटाई दोनों की आवश्यकता है। किसी विरोध करती महिला को पकड़ लेना पूर्णतया अनैतिक कार्य है। क्या वह आपसे सम्बन्धित है? क्या वह आपकी विवाहिता है? क्या उसने आपसे कर्ज लिया है? क्या आप दरबार के अधिकारी हैं? चाणक्य सत्य जानने के लिए कटिबद्ध थे।

वह व्यक्ति क्रोधित हो गया : चले जाओ अन्यथा मारे जाओगे।

चाणक्य ने ज्यादा क्रोध का प्रदर्शन किया : दूसरी ओर मैं कहता हूँ कि इस स्त्री को मुक्त करो। नहीं तो कैद कर लिये जाओगे।

तब राहगीर किसी व्यक्ति के द्वारा खींची जा रही महिला की ओर उन्मुख नहीं होते थे। ऐसे व्यक्तियों का कोई विरोध नहीं करता था। किन्तु उस दिन बात दूसरी थी। कुछ व्यक्ति वहाँ खड़े हो गये और आश्चर्य से नैतिकता और असामाजिक जैसे शब्द पर ध्यान देने लगे, जो वे सुनते ही नहीं थे। इन शब्दों को वे भूल चुके थे।

तेल पिलाए हुए लाठी को दिखाते हुए वही व्यक्ति फिर बोला : चले जाओ, अन्यथा भयंकर पिटाई हो जायेगी।

चाणक्य ने उनसे ज्यादा तीव्र स्वर में उत्तर दिया : लाठी चलाने के पाठ को शायद तुमने सही तरह से सीखा नहीं होगा किन्तु मैं युवा और शक्तिशाली छात्रों को लाठी चलाने की शिक्षा देता हूँ। केवल चलाने के लिए तुम अपनी लाठी उठा लो और तुम

अपना सिर फटा हुआ पाओगे।

इतना कहकर चाणक्य ने शीघ्रता से अपनी दोनों पुस्तकों को अंग–वस्त्रम् में लपेटा और कमर में बाँधकर लड़ने की मुद्रा में निहत्था खड़े हो गये। उन्होंने अपने दायें पाँव को थोड़ा आगे बढ़ाया और आक्रमण की मुद्रा में आ गये।

उनकी मुद्रा देखकर ही उन दोनों ने जान लिया कि उनकी लाठी को छीनकर उन्हीं पर प्रहार करना इस व्यक्ति के लिए जरा–भी मुश्किल कार्य नहीं है। उन्होंने एक–दूसरे को देखा और अचानक उस महिला को मुक्त कर दिया। वे बाजार में पिटना नहीं चाहते थे।

कामुक व्यक्तियों में बहुत कम शारीरिक शक्ति होती है और आन्तरिक बल होता ही नहीं। वे किसी भी रूप में नैतिक पुरुष के समक्ष खड़े नहीं हो सकते।

व्याख्या : पलायनवादी दृष्टिकोण सर्वाधिक घातक होता है। किसी खतरे से या विपत्ति में भागने की कभी न सोचें। कोई स्त्री या पुरुष अगर खतरे में है, तब उस ओर से आँख न मोड़ें।

अपनी रक्षा के लिए भागें नहीं। इसके विपरीत खतरे के विरोध में डट जायें। आपका डट जाना ही खतरे की विभीषिका को नष्ट कर देगा। तब उस पर अधिकार करना आसान हो जायेगा।

प्रभाव : काँपते पाँव कमजोरी दर्शाते हैं और शत्रु को शक्ति देते हैं, जबकि कड़े, ढीठ कदम विरोधी को अतिशय कमजोर कर देते हैं।

बहुकोणीय व्यक्तित्व

चाणक्य का जो अष्ट–दस कोणीय व्यक्तित्व है, उसमें उनके ज्ञान की विविधता, विस्तार, गहराई और ऊँचाई तो है ही, प्रशासकीय क्रियान्वयन उसे उत्कृष्टता देता है। कहा और माना जाता है कि विद्वान् अच्छा प्रशासक नहीं होता। वह अपनी आन्तरिक वृद्धि में, विद्वता में, ज्ञान अर्जित और वितरित करने में लगा रह जाता है। अगर यह सही है और अगर इसका कोई एक अपवाद है, तब वे चाणक्य ही हैं। सम्पूर्ण जीवन वे या तो व्यावहारिक सिद्धान्त देते रहे या सिद्धान्तों को व्यवहार में बदलते रहे।

चाहे परिस्थितियाँ जितनी भी अनुकूल या प्रतिकूल रही हों, वे बराबर शीर्ष पर बने रहे। जितने कोण चाणक्य में बनते हैं अथवा जितनी दिशाएँ दिखती हैं, उनमें से किसी एक क्षेत्र के समान कोई दूसरा नहीं दिखता है। उनकी सारी दिशाएँ चमकती हैं और उनके सभी कोण अलग–अलग कोण से अलग–अलग दिखते हैं। कई व्यक्ति मिलकर भी चाणक्य के एक कोण की समानता नहीं कर सकते। वे अतुलनीय है।

यह भी बस संयोग है कि चाणक्य के कई नाम हैं। उनके और भी नाम हों, तब आश्चर्य नहीं, क्योंकि उसके कई नाम होने अनिवार्य से हैं। सिद्धहस्त लेखक–कवि; श्रेष्ठ राजनयिक; आदरणीय गुरु; बुद्धिमान सन्त; गहरा राष्ट्रभक्त;

दृढ़ प्रजा; सत्यनिष्ट वक्ता; सफल प्रणकर्ता; नैतिक चिन्तक; राष्ट्र निर्माता और नृप प्रतिष्ठाता; निर्भय, संयमी, धीर, सहनशील, शीलवान, आदि, इत्यादि; और प्रत्येक क्षेत्र में पूरी तरह सफल।

इन सब चीजों के बाद चाणक्य एक व्यक्ति नहीं रहे; वे प्रतीक हो गये; विचार हो गये; अवधारणा बन गये; कई दर्शनों को समाहित करते एक दर्शन बन गये।

चाणक्य को पूरी निष्ठा और ध्यान से पूरा पढ़ा जाना चाहिए और उनकी शिक्षाओं का दृढ़ता से, सूक्ष्मता से, निर्भयता से अनुपालन किया जाना चाहिए कि सफलता में सन्देह न रहे; कि लगातार आन्तरिक और बाहरी विकास होता रहे; दृष्टि और दृष्टिकोण बदले और दृढ़ रहे तथा यह भी कि समृद्धि होती रहे, घटे नहीं।

अगर इन सभी बातों का कोई प्रमाण चाहता है, तब वह कौटिल्य अर्थशास्त्र के पहले अधिकरण के पन्द्रहवें प्रकरण का उन्नीसवाँ अध्याय ***निशान्त प्रनीधिः*** तथा बीसवाँ अध्याय ***आत्म रक्षित्कम्*** पढ़े। राजा के निवास के लिए कितने सहज और आश्चर्यजनक रूप से सुरक्षित निवास का निर्माण बताया गया है! उसकी सुरक्षा के लिए कितने उपाय बताये गये हैं! अन्दर और बाहर स्त्रियों आदि के साथ कार्य करने वाले कर्मचारी! कितना आसान–सा मार्ग दिखाया गया है कि खतरानाक लोगों की पहचान सुनिश्चित हो सके! कैसी चेतावनी है! यह सब बता देने के बाद सीधे–सीधे चाणक्य ने कहा है कि जैसे राजा दूसरे को तंग या तबाह करने के उपाय करता है, उसी तरह से उन सभी युक्तियों का प्रतिरोध करने के लिए भी उसे सदा तैयार और सतर्क रहना चाहिए :

यथा च योग पुरुषैः अन्य राजा अप्रतिष्ठति;
तथा ययं अन्य बाधेभ्यो रक्षेद् आत्मानं आत्मवान्।

एक सामान्य, साधारण मानव अपने नन्हें से दिमाग में इतना कुछ भरकर रख सकता है; इतने विचार, इतनी शिक्षाएँ, इतने रहस्य, इतने पुरस्कार, इतने दण्ड, ऐसी सन्धिया, और ऐसी क्रियाशीलता! जो सामान्य व्यक्ति या उच्च कोटि का विद्वान् चाणक्य को देखता है, पढ़ता है और चाणक्य को समझता है वह उनसे अभिभूत हो जाता है।

स्वास्थ्य सर्वप्रथम

पाटलिपुत्र में जिस चीज ने चाणक्य को सर्वाधिक खिन्न किया, वह था सभी वर्ग और आयु के लोगों का अस्वस्थ होना, क्योंकि चाणक्य स्वास्थ्य को ही सर्वाधिक महत्त्व देते थे। अगर स्वास्थ्य नहीं है, तब ठोस कुछ किया ही नहीं जा सकता; और अगर जीवन न रहे, तब माता–पिता; पत्नी–पुत्र; बन्धु–धन; किसी का भी अर्थ नहीं है। वे ही श्मशान में जला या कब्रिस्तान में गाड़ आते हैं।

उस समय मगध में अराजकता फैली थी। कोई भी सामाजिक, धार्मिक और नैतिक नियमों को मानने या सम्मान करने के लिए तैयार नहीं था। अत्याचार, अनाचार,

भ्रष्टाचार का बोलबाला था। सामाजिक समरसता समाप्त हो गयी थी।

कामुकता चरम पर थी। राजकीय कामुकता जन–समुदाय में व्याप गयी थी। जब भी ऐसा होता है, सबसे पहले लोगों का स्वास्थ्य समाप्त हो जाता है। चूँकि कामभाव अनियन्त्रित था, अतः गुप्त रोगों की भरमार थी।

इसी तरह का एक अनुभव चाणक्य को उस क्षेत्र में हुआ, जहाँ बहुत धनी व्यक्तियों का निवास था। उसने प्रवेश द्वार की सीढ़ियों पर एक युवा व्यक्ति को देह मरोड़ते, तड़पते देखा। स्पष्टतया वह बीमार था किन्तु उसके आस–पास कोई नहीं था। उसकी देह–वल्ली की दर्द भरी मरोड़ ने चाणक्य को आकर्षित किया था। उसकी ओर बढ़ते हुए चाणक्य ने उसकी वेदना की व्यापकता और गहराई का अनुमान करना चाहा और वैसी तीव्र व्यथा का कारण भी सोच लेने का प्रयास किया। अनुमान तो लगा लिया, किन्तु वे आश्वस्त नहीं थे। वे सीधे उस व्यक्ति के पास पहुँचे और धीरे से पूछाः आप को हुआ क्या है? व्यथा से शरीर क्यों मरोड़ रहे हैं? आप कोई औषधि क्यों नहीं लेते?

उस व्यक्ति ने चाणक्य की ओर देखने के बाद अपना सिर दूसरी ओर मोड़ लिया, किन्तु शरीर में हो रही व्यथा सिर घुमा लेने से न दूर होती है और न कम होती है।

आश्वासन और सहानुभूति से भरे चाणक्य के शब्द निकले, जिनमें कहने के लिए साहस भी देने की चेष्टा थी : आप चिन्ता न करें। स्पष्ट बतायें। मैं आपकी सहायता कर सकता हूँ।

काँपती सी आवाज आयी : इसकी कोई औषधि नहीं है। मैं गुप्त रोग से पीड़ित हूँ। इसे सूजाक कहते हैं। मैं अपनी उदण्डता का दण्ड सह रहा हूँ।

तीव्र व्यथा से छटपटाता व्यक्ति बड़ी कठिनाई से बोल पाया। चाणक्य आयुर्वेद के ज्ञाता थे। वे पहले ही समझ गये थे, किन्तु अपने मुख से ऐसा कुछ कहना अभद्रता होती। उस रोग का कारण भी वे जानते थेः अतिशय, अनियन्त्रित अनेक स्त्रियों से और असामयिक वासना की तृप्ति तथा वेश्या गमन ही इसके कारण हैं। अब जब ज्ञात हो गया था, तब उसका प्रतिकार तो करना ही था :

प्रकृति ने अगर रोग दिये हैं, तब उनकी औषधि भी दी है। हम न जानें, पहचानें या न उपयोग करें; यह हमारा दोष है। चारित्रिक दोषों का दण्ड तो भोगना ही होता है। वेदना की इस कड़वाहट से चिरैता की कड़वाहट कम होगी। आप दिन में तीन बार चिरैता को पानी में फुलाकर या गरम कर उस जल को पी जायें। यह रक्त–शोधक है और आपका रक्त बहुत दूषित हो गया है। गुप्तांग के घाव को भी वैसे ही जल से कई बार धोयें। आराम मिलेगा और नियमित सेवन से आप एक माह के अन्दर ही पूर्ण स्वस्थ हो जायेंगे। उसके पश्चात् थोड़े कम कड़वे खदिरारिष्ट का सेवन करें। बचाव के लिए और रोग को जड़ से समाप्त कर देने के लिए प्रतिवर्ष एक माह तक

खदिरारिष्ट का सेवन अवश्य करें।

उस व्यक्ति में अभी अविश्वास था : क्या ऐसा हो सकेगा?

चाणक्य ने दृढ़ स्वर में कहा : निश्चित रूप से, आश्वस्त रहिए।

इस विद्रूपता पर विचार करते हुए चाणक्य आगे बढ़ गये।

व्याख्या : *नियन्त्रण और सन्तुलन सफलता के आवश्यक शर्त हैं। स्वयं पर, परिस्थितियों पर, धन पर, साधन पर और कर्मचारियों पर बिना नियन्त्रण रखे कुछ भी नहीं पाया जा सकता। जो भोजन से लेकर कार्य और कार्यस्थल पर और वाणी से लेकर काम भाव तक पर नियन्त्रण रखता है और सन्तुलन बनाकर चलता है, वह विकास करता है, समृद्धि पाता है और सुखी जीवन जीता है।*

प्रभाव : *चढ़ाई या पतन के बीच में बहुत कम स्थान रहता है। स्थिर और निश्चित कदम उठा ले जाते हैं तब कम्पायमान और अनिश्चित कदम गिरा देते हैं।*

सामाजिक सुधार और उत्थान

पाटलिपुत्र आने के साथ ही चाणक्य सुधार के कार्यों में लग गये, जिसे उन्होंने कभी शिथिल नहीं पड़ने दिया। संघर्ष के काल में और विजयोपरान्त भी सुधार कार्य अनवरत चलते रहे। इन कार्यों को उन्होंने प्रत्येक स्तर पर आरम्भ किया और लघु इकाइयों में आरम्भ किया। एक जगह स्वेच्छा से अनेक कार्य करने वाले भले न हों, किन्तु इतनी जगह ऐसी इकाइयाँ थीं कि सबको देखते हुए कार्य करने वालों और लाभार्थियों की संख्या बहुत थी। स्थानीय स्तर पर केवल ज्ञानियों और चरित्रवानों को ही रखा गया था जिनकी बातें सुनी और मानी जायें। इससे सामाजिक दुर्गुणों को समाप्त किया गया; नैतिक पतन को रोका गया और सबके स्वास्थ्य को औषधि से कम शुद्ध विचारों, सामान्य भोजन और स्वस्थ जीवनशैली से ही सुधारा गया।

मौर्य–साम्राज्य की स्थापना के पश्चात् ऐसे कार्यो में बहुत तीव्रता आयी। प्रलचित विवाह के प्रकार पर ही जोर दिया गया और लोगों को केवल अपने जीवनसाथी के साथ ही शारीरिक सम्बन्ध रखने के लिए विवश किया गया। जितने लोगों ने काम–रोगों की परेशानियों को झेला या देखा था, वे इसे स्वीकार कर ज्यादा प्रसन्न थे। अगर ऐसे रोगों की अधिकता नहीं होती, तब विवाह सम्बन्धी नियमों को आसानी से कोई स्वीकार ही नहीं करता।

यह एक महत्त्वपूर्ण कारण है कि चाणक्य ने प्रचलित विवाह के प्रकारों की विशद चर्चा कौटिल्य अर्थशास्त्र में की है। उन्हें यहाँ देना समीचीन लगता है :

विवाह के आठ स्वीकृत प्रकार

1. **ब्रह्म विवाह :** ***कन्या दानं कन्या मंगलं कृत्य ब्रह्मो विवाहः।*** जब एक विनम्र, स्वस्थ, सुशील, बुद्धिमान, परिश्रमी और आदर्श दूल्हे को कन्या दान की

जाती है, तब उसे ब्रह्म विवाह कहा जाता हैं। इस विवाह में कोई पूर्व शर्त नहीं होती। किन्तु कन्या का पिता अपनी इच्छा और शक्ति के अनुरूप यथोचित और यथेष्ट दान दे सकता है।

2. **दैव्य विवाह :** *अन्तः वेदा अमृतबीजे दानाद दैव्यः।* जब कोई पिता किसी ज्ञानी सन्त का चुनाव करता है और धन तथा आभूषणों के साथ अपनी कन्या का दान करता है, तब इसे दैव्य विवाह कहते हैं, क्योंकि यह संयोग से किसी अन्य यज्ञ के समय होता है।

3. **आर्ष विवाह :** *गोमिथूनाद नाद आर्षः।* बिना किसी सांसारिक वस्तु दिये ही जब कोई विवाह सम्पूर्ण रीतियों के साथ धर्मशास्त्र के अनुसार पूरा किया जाता है, तब आर्ष विवाह कहलाता है।

4. **प्रजापत्य विवाह :** *सह-धर्माचार्या प्रजापत्य।* जब कोई दूल्हा किसी व्याह योग्य कन्या का हाथ माँगता है और कन्या का विवाह इस शर्त पर करता है कि दोनों नैतिक जीवन व्यतीत करेंगे तब उसे प्रजापत्य विवाह कहते हैं।

5. **आसुर विवाह :** *शुल्क-दानाद आसुरः।* दूल्हे के माता–पिता–परिवार को जब अत्यधिक धन देकर कन्या का विवाह किया जाता है, तब वही आसुरी विवाह कहलाता है।

6. **गान्धर्व विवाह :** *मिथः सम्वायाद् गान्धर्वः।* कन्या और वर मिलते हैं, एक–दूसरे को पसन्द करते हैं और मन्दिर में या कहीं भी एक–दूसरे को एकान्त में माला पहनाकर विवाह कर लेते हैं, उसे गान्धर्व विवाह कहते हैं।

7. **राक्षस-विवाह :** *प्रसयाद आनाद् राक्षसः।* कन्या पक्ष के लोगों को मारपीट कर शक्ति के बल पर कन्या को उठाकर ले जाने के बाद उससे विवाह कर लेना राक्षस–विवाह कहलाता है। इसमें मानवीय गुणों का सर्वथा अभाव होता है।

8. **पैशाच विवाह :** *सुप्त आदानाद् पैशाचः।* किसी सोयी कन्या या मानसिक रूप से अस्वस्थ या बेहोश कन्या से बलपूर्वक शारीरिक सम्बन्ध स्थापित करना पैशाचिक विवाह कहलाता है। ऐसा इसलिए कि इस तरह का पतित कार्य कोई पिशाच प्रवृत्ति का व्यक्ति ही कर सकता है।

आधुनिकता की अन्धी दौड़ में एक बार फिर मानव–विवाह को बेकार कहकर समाज कामोद्दीपन का शिकार हो गया है। वह मुक्त या उन्मुक्त और यहाँ तक कि समलैंगिक कामभाव को सबमें फैलाने की चेष्टा में लगा है, जबकि हर तरफ दुष्परिणाम दिखलायी पड़ रहे हैं। सामान्य गुप्त रोगों से तो अधिकांश पीड़ित हैं; एड्स जैसे भयंकर रोगों से भी लोग पीड़ित हैं, किन्तु चेतना किसी की नहीं जग रही है।

अब केवल आसुरी और पैशाचिक विवाह का बोलबाला है। फलतः पत्नियों को जीवित जला देने, हत्या कर देने, तालाक दे देने और किसी भी रूप में उन्मुक्त हो जाने के लिए सभी लालायित और क्रियाशील हैं। महान्गरों में हर ओर खुल रहे गुप्त रोगों के अस्पताल, अपंगों की निरन्तर बढ़ती संख्या और मानसिक चिकित्सालयों में भारी भीड़ से भी किसी को चेतना नहीं आ रही है। यह कहना कठिन है कि किन कठिन परिस्थितियों में पहुँच जाने के बाद पुनः सन्मार्ग पर लौटेंगे। स्वास्थ्य गँवाकर जीना निरर्थक होता है।

4

चाणक्य की श्रेष्ठता और दृढ़ता

चेतन मन और गहरी दृष्टि

चाणक्य प्रकृतिस्थ हो, केन्द्रित मन से और गहन दृष्टि से प्रकृति को, समाज को और जीवों को देखते थे। उनके पास ऐसी आन्तरिक क्षमता थी कि वे कई अलग–अलग और अनर्गल–सी दिखने वाली बातों में तारतम्यता खोज लें, उन्हें जोड़ दे। और एक समुचित अर्थ निकाल सकें। इसके सहारे वे बुद्धिमतापूर्ण और कारगर निर्णय ले लिया करते थे। इससे दूसरों की भी अन्तर्दृष्टि खुलती है और सिद्धान्त व व्यवहार के समंजन की यथा योग्य शक्ति मिलती है। इससे दूसरे भी मार्ग देख पाते हैं और नवीन साधनों को समझ पाते हैं। इस बात को समझने के लिए एक निरर्थक–सी दिखने वाली बात से एक जीवनरक्षक मार्ग निकाल लेने की चर्चा आवश्यक है।

एक बार मौर्य सैनिक घिर गये थे। उन्हें एक गुफा में शरण लेनी पड़ी। भोजन नहीं था और पूरी मौर्य सेना भूखी थी। वे गुफा से निकल नहीं सकते थे, क्योंकि बाहर मागधी सेना थी और सन्निकट थी।

चाणक्य ने एक चींटी को देखा, जो चावल लिये हुई थी, जबकि आस–पास कहीं भोजन की सम्भावना नहीं थी। चावल पका हुआ था। चाणक्य ने उसे लेकर देखा। वह चावल ताजा पका हुआ था और अभी भी नरम था। चाणक्य ने खोज करने का आदेश दिया।

थोड़ी ही देर में यह सूचना आ गयी की मगध की सेना गुफा के पीछे भी है और वहीं वे भोजन बनाकर खाते रहे हैं। निश्चित रूप से वे बड़े–बड़े दलों में आते होंगे और भोजन करके वापस जाते होंगे। उनमें से अधिकांश उस समय भोजन कर रहे थे। यह भी बात निकलकर आ गयी कि भोजन के समय वे युद्ध के लिए तैयार नहीं होंगे, क्योंकि उनके अस्त्र–शस्त्र बड़ी मात्रा में दो या तीन स्थलों पर जमा होंगे।

चाणक्य ने निर्देश दिये और तीन टुकड़ियों में बंटकर उस छोटी–सी टुकड़ी ने आक्रमण कर दिया। मौर्य सेना को देखकर, उनके पराक्रम को जानने वाले सैनिक हथियारों की ओर न जाकर सुरक्षित स्थान की ओर दौड़ पड़े। वे भाग गये। कोई युद्ध भी नहीं हुआ और, वे अपने पीछे घोड़े, रथ और हथियार छोड़ गये। मौर्य सेना

को जिनकी बहुत जरूरत थी वे हथियार व भोजन प्राप्त हो गये और वे बच भी गये।

व्याख्या : *अपने आस–पास घटती हुई छोटी बड़ी सभी बातों और घटनाओं के प्रति सचेत और चेतन रहने से अवर्णननीय अन्तःदृष्टि प्राप्त होती है। इस अतुलनीय गुण को पाने के लिए ध्यान भी लगाना पड़ जाता है; मन को भटकने नहीं दिया जाता; एक स्थान पर केन्द्रित किया जाता है और ऐसा अभ्यास किया जाता है। फिर भी इस गुण के आने में समय लगता है। ऐसा व्यक्ति सभी चीजों पर ध्यान रखता है; किसी भी चीज को छोटा समझकर नजरअन्दाज नहीं करता, फलतः कभी धोखा नहीं खाता। मनोविज्ञान में इसे चेतना प्रवाह का सिद्धान्त कहते हैं।*

प्रभाव : *जो भी कुछ कहीं घटित होता है, वह निरर्थक नहीं होता। कुछ न कुछ अर्थ अवश्य होता है। ऐसा इसलिए होता है कि प्रत्येक घटना का एक आरम्भिक बिन्दु होता है और प्रत्येक घटना के पीछे एक निश्चित कारण होता है।*

प्रतिद्वन्द्वी को कमजोर करना

प्रतिद्वन्द्वी को कमज़ोर करने का एक राह तो यही है कि प्रतिद्वन्द्वी के संगठन में प्रच्छन्न रूप से अपने आदमी पहुँचाना और दूसरा बहुत सरल मार्ग है कि उसके आदमी अथवा आदमियों को अपनी ओर मिला लेना। ये दोनों ही कार्य आरम्भ से ही किये जा रहे हैं और आज के युग में बहुत ज्यादा हो गया है। सेना से लेकर शिक्षा में और उद्योग से लेकर शासन तक, हर क्षेत्र में धन लेकर या देकर सरकारी कर्मचारियों और अधिकारियों को अपना बनाकर दूसरे देश को कमज़ोर किया जा रहा है। प्रयास हर जगह यही है कि दूसरा कमज़ोर हो जाये। यह अन्ततोगत्वा मानव–समाज का विनाश ही करता है, कर रहा है। इस दिशा में कार्य करने और शिक्षण देने वाले चाण ाक्य विलक्षण थे।

एक बार, चाणक्य मगध साम्राज्य के एक उच्च अधिकारी मातंग से एक सेतु पर मिले। यद्यपि यह एक अचानक ही सहज ढंग से दो राहगीरों के मिल जाने जैसा था, किन्तु बहुत ढंग से इसे तय और व्यवस्थित किया गया था। दोपहर का समय था और सेतु पर आवागमन नहीं के बराबर था। आस–पास भी लोग नहीं थे।

मातंग बहुत अनुभवी और शक्तिशाली था, किन्तु उसकी सदा उपेक्षा की जाती थी, क्योंकि वह चाटुकार नहीं था। चाणक्य ऐसे सभी लोगों को माप–तौलकर अपनी ओर मिलाना चाहता था। यह मिलना भी उसी का अंग था। मातंग से उसे कई प्रकार की मदद मिलने की सम्भावना थी, जिसमें महत्त्वपूर्ण सूचनाएँ भी थीं। चाणक्य घनानन्द को बाँटकर और उसके एक बड़े हिस्से को अपने में मिलाकर कमजोर कर देना चाहते थे।

वे ऐसे मिले जैसे आते–जाते दो व्यक्ति अचानक मिल गये हों।

चाणक्य : शक्तिशाली को शत् नमन।

मातंग : नमस्कार आचार्य! उपेक्षितों में शक्ति नहीं होती।

चाणक्य : आप के विचार और प्रत्येक अंग रत्नों से तौलने योग्य हैं।

मातंग : रत्नों को मैंने एकत्रित कर रखा है, किन्तु प्रतिष्ठा नहीं मिली।

चाणक्य : व्यक्ति के कण्ठहार में सर्वाधिक चमकनेवाला प्रतिष्ठा का ही रत्न होता है। सक्षम पुरुष को ऐसे चमकते हार पहनाने के लिए मेरे हाथ व्यग्र हैं।

मातंग : जो धूल में पड़ा हो वह सक्षम व्यक्ति नहीं हो सकता।

चाणक्य : विद्रोही मातृभूमि की धूल से ही अपनी ललाट सजाते हैं। सबकी शाश्वत माँ इसे ही पसन्द करती है।

मातंग : माँ मेरा सिर पायेगी, जब चाहेगी।

चाणक्य : माँ तो अपने ऐसे चहेते पुत्र को गोद में सुरक्षित रखेगी।

मातंग : मैं सूर्योदय की प्रतीक्षा करूँगा।

चाणक्य : ऐसे पुत्र सूर्यास्त में खो नहीं पाते।

मातंग : आप सही हैं आचार्य। नमस्कार।

चाणक्य : मातृभक्त को नमन।

व्याख्या : कार्य के पीछे जो भावना होती है, सफलता उसी पर निर्भर करती है। अति संवेदनशील, देशभक्त और आध्यात्मिक पुरुष में वह सकारात्मक शक्ति ज़्यादा होती है। उनमें श्रेष्ठ भावना बहुत कम होती है, जिनका उद्देश्य ही शारीरिक सुख है। करो या मरो की स्थिति में भूख वैसी ऊर्जा नहीं देगी, जितनी और जैसी अपनी, अपनों की और अपने देश की सुरक्षा की भावना देगी।

प्रभाव : सफलता की चेष्टा करने वाले को एक भी उपाय को छोड़ना नहीं चाहिए; सतत् चेष्टा करनी चाहिए क्योंकि असफलता का एक यह भी अर्थ होता है कि सफलता की पूरी चेष्टा नहीं की गयी।

अनुभव से परीक्षित ज्ञान

➤ नगरवासी ग्रामीण प्रणाली, ग्रामीणों के कार्य और उत्पादन के बिना अपना अस्तित्व नहीं बचा सकते। गाँवों से होकर ही विकास का मार्ग आता है।

➤ मजदूरी की एक सन्तुलित प्रणाली ही जीवन को सन्तुलन दे सकती है। जब उत्पादन का आठ में से एक हिस्सा मजदूरी दी जाती है, तब इससे फर्क नहीं पड़ता कि उत्पाद की कीमत क्या है? आज जब निश्चित मजदूरी नहीं दी जाती, तब यह हर समय और हर जगह तय की जाती है तथा और अधिक मजदूरी की माँग होती रहती है और हड़ताल होते हैं अथवा असन्तोष बढ़ता है। चूँकि मजदूरी रुपये में दी जाती है, फलतः बढ़ी हुई कीमतों का बराबर प्रभाव पड़ता है।

➤ आज दो हजार प्रतिमाह से लेकर दो करोड़ प्रतिमाह पाने वाले कर्मचारी हैं।

- कार्य के अनुरूप सही कर्मचारियों का चुनाव होना चाहिए। उन्हें अपने कार्य और अधिकार का पूर्ण ज्ञान होना चाहिए।
- कर्मचारियों को सही सूचना समय पर दी जानी चाहिए। यह न हो कि वे सूचना की प्रतीक्षा करते रहें। 1962 में भारत चीनी युद्ध में भारत की हार का बहुत बड़ा कारण था कि भारतीय सेना युद्ध की घोषणा की प्रतीक्षा ही करती रह गयी।
- विरोधियों और प्रतिद्वन्द्वियों को पछाड़ने के लिए सही और स्पष्ट दृष्टि होनी चाहिए।
- आन्तरिक लेखा परिपूर्ण और सक्षम होनी चाहिए कि लेखा में अंकित किसी भी चीज पर कोई अँगुली न उठा सके।
- नये संगठन खड़ा करने वाले को किसी द्वन्द्व में नहीं रहना है। कार्य की जानकारी और उसका प्रशिक्षण लेकर ही कार्यारम्भ करना है। उन्हें व्यवस्था भी करनी है और नियन्त्रित भी रखना है कि वे शिखर पर पहुँचें और वहाँ स्थायी रूप से रहें।
- कर्मचारियों को इतना कुशल और क्रियाशील होना चाहिए कि उन्हें जो मिलता हो, वह प्रशासक को ही कम लगे। किन्तु उन्हें माँग नहीं करनी है।
- अपने कर (टैक्स) समय पर दें ताकि परेशानी खड़ी न हो।
- कई परियोजनाओं पर एक साथ कार्य न करें।
- व्यवस्थापक और प्रशासक को सदा सीखते रहना चाहिए।
- अन्य संगठन में जाया जा सकता है अगर योग्यता को काफी बढ़ा लिया गया है, किन्तु केवल आर्थिक लाभ के लिए संगठन बदलना नहीं है।
- कार्य करते हुए अगर किसी की मृत्यु हो जाती है, तब उसके परिवार की देखभाल संगठन करे।
- सही अवसर को पहचानें और पकड़ें।
- सम्पति बनें, बोझ नहीं। रक्षक बनें, भय का कारण नहीं।
- निर्मल मन को गन्दा न करें।
- रहस्य बनाये, बचाये रखना विजेता का हथियार है।
- हानि की चिन्ता न करें, लाभ को द्विगुणित करते रहें।
- मजबूत स्तम्भ बनें, कमजोर कड़ी नहीं।
- स्वयं को व्यवस्थित रखें ताकि दूसरों को व्यवस्थित रख सकें।

कार्य के, आक्रमण के निर्देश

"छोटे–छोटे दल में जन–समुदाय का हिस्सा बनकर आगे बढ़ें; सेना की तरह सीना ताने अहंकारी की तरह नहीं। वैसे न लड़ें जैसे युद्धक्षेत्र में लड़ा जाता है। आक्रमण तब करें, जब प्रतिद्वन्द्वी तैयार ही न हो। पाँच तरफ से आक्रमण करें कि शत्रु को आक्रमक सेना का पता न चले। एक दल सुरक्षित रहे और कमजोर पड़ने वाले दल की ओर से लड़े।

जहाँ भी हों अपनी ज्ञानेन्द्रियों को सजग, सतर्क रखें। सभी ध्वनियों को सुनें और आँखें खोलकर प्रत्येक गतिचिधि को देखें तथा आने–जाने वाले प्रत्येक चेहरे को पढ़ें। ध्यान बँटने न दें और ग्रहणशीलता बनाये रखें। अवसर पर तीव्र प्रतिक्रिया दिखायें, मगर उसके पूर्व भावों को, आश्चर्य को दबाये रखें। शत्रु को तब दबोंचें जबकि उसे प्रतिघात का अवसर न मिले।

"केन्द्रीय स्थानों के सन्निकट रहें, किन्तु केन्द्रीय स्थानों से हटकर; चेतन मन से सब कुछ निहारते भी रहें। मारने के समय अपने क्रोध को अपने हथियारों पर स्थान्तरित करें कि चोट भारी और गहरी पड़े और अपने पाँवों पर केन्द्रित करें जब भागना हो, किन्तु मस्तक से निकालें नहीं।

"राजा का, प्रतिद्वन्द्वी का विनाश करें, किन्तु प्रजा को सुरक्षा दें। महल और संगठन उजाड़ें मगर पौधों को मसलें नहीं। कोठों को तोड़ें किन्तु बाजारों को नहीं।

इस प्रकार चाणक्य अपने प्रशिक्षित और उत्साही सैनिकों को और गैर सैनिक कर्मचारियों को स्थायी और स्पष्ट निर्देश देते थे। यह कारगर और प्रभावोत्पादक था। उन्होंने अपने पाठ को आरम्भिक हार से सीखा था, जो उन्हें सजग मगध सेना के हाथों से मिली थी, जब वे केन्द्र पर ही सीधे आक्रमण कर रहे थे ताकि राजमहल पर ही कब्जा हो जाये, किन्तु महल की सुरक्षा दृढ़ थी।

वैसे आक्रमण को निरर्थक और हानिकारक समझकर अपनी व्यूह–रचना बदल दी और तदनुसार अपने लोगों को निर्देश देते थे।

व्याख्या : *केवल सजग मस्तिष्क ही ज्ञानेन्द्रियों को सतर्क रख सकता है। किसे करना है, किसे पहले या किसे बाद में या किसे कैसे करना है? यह सदा स्पष्ट रहना चाहिए। गहन, कालिमामय, सांसारिक जंगल से सतर्कता से ही मार्ग निकल पायेगा।*

प्रभाव : *प्रत्येक अवस्था में जीवन की रक्षा आवश्यक है, क्योंकि जीव के अस्तित्व के लिए जीवन की अविरामता आवश्यक है।*

वृद्धा से ज्ञान–प्राप्ति

यद्यपि कि चाणक्य स्वयं में सन्तुलित रहने की, अपने क्रोध और भावनाओं को नियन्त्रण में रखने की चेष्टा करते रहे, किन्तु विडम्बना यह कि वे हर बार अपने को इस छोर या उस छोर पर पाते। सन्तुलित मध्य उन्हें मिला ही नहीं। इसलिए एक ओर वे मध्य की खोज करने और प्राप्त करने में लगे रहे, तब दूसरी ओर उस छोर पर मध्य का कार्य

करते हुए सन्तुलन बनाये रखा। न कभी डगमगाये, न गिरे। ऐसा इसलिए हो सका कि वे बाह्य और अन्तःचक्षु को सदा खोलकर चले और इसी ने उन्हें अतिशय दृढ़ भी बनाया क्योंकि अपने को किसी छोर पर पानेवाले में अगर दृढ़ता का अभाव हो जायेगा, तब उसका पतन निश्चित हो जायेगा।

आँखें खुली रखने का लाभ यह था कि मार्ग बराबर दिख जाया करते थे। एक समय ऐसा भी आया था, जब चाणक्य को हर आक्रमण में हार का दंश झेलना पड़ रहा था। वे आक्रमण करते थे, किन्तु सफल नहीं हो रहे थे। यह घटना उन्हीं दिनों की है।

तीन विभिन्न कोणों से चन्द्रगुप्त की अगुआई में चाणक्य के निर्देश पर मौर्य सेना ने मगध पर आक्रमण किया और तीनों ही बार पीछे लौटना पड़ा। भारी हानि उठाने की स्थिति में वे नहीं थे, किन्तु जो थोड़ी हानि हुई, वही उनकी कमर तोड़ देने वाली थी। चाणक्य परेशान थे। समझ नही पा रहे थे कि चूक कहाँ हो रही है? व्यग्रता थी। उसी बेचैनी में प्रत्येक रात्रि–भ्रमण के अपने नियमित कार्य पर निकल पड़े।

इस भ्रमण से कई लाभ थे : अपने स्थान से हटकर तटस्थ होकर विचार करने कर अवसर मिलता था; बाहरी स्थिति की जानकारी मिलती थी; प्रतिनियुक्त गुप्तचरों से सूचना मिल जाती थी; नयी नियुक्तियाँ हो जाती थी; लोगों की समस्याओं से अवगत हुआ जाता था; उनके विचार सामने आ जाते थे और कुछ तात्कालिक निर्देश दे दिये जाते थे। इसलिए वे किसी निर्दिष्ट मार्ग पर नहीं जाते थे।

उस रात जब वे एक गाँव से होकर जा रहे थे, तब एक झोंपड़ी से आते हुए प्रकाश को देखा। उस सन्नाटे में कौन क्यों जगा है? उत्सुकतावश उधर चले गये। उस झोंपड़ी की टाटी में अनेक बड़े–बड़े छिद्र थे अतः अन्दर की चीजों को देखना आसान था और यह जानना भी कि अन्दर हो क्या रहा है?

अन्दर एक वृद्धा थी और एक लड़का था। उनकी बातचीत से ही पता चला कि वे माँ–बेटे हैं और वृद्धा विधवा है। उस शाम देर से वह कुछ गेहूँ लायी थी, जिसे पीसकर भोजन बनाने में विलम्ब हो गया था। विधवा वृद्धा ने बेटे को खाने के लिए रोटी और साग दिया। खाते समय लड़के ने रोटी के बीच से ही पहला कौर तोड़ लेना चाहा। भाप–सा निकला और लड़के ने हाथ खींच लिया। वृद्धा ने क्रोध में कहाः तू भी क्या चाणक्य हो गया है कि रोटी बीच से तोड़कर खा रहा है। भोजन कभी भी बीच से नहीं सदा किनारे से किया जाता है।

सुनकर चाणक्य अचम्भित रह गये। जिस सामान्य व्यवहार की जानकारी से उसका समाधान हो गया था वह एक अति सामान्य ग्रामीण वृद्धा से प्राप्त हुआ था। यह उनके लिए वरदान था। वे बड़ी देर तक वहीं खड़े रहे, फिर दृढ़ कदम धरते वे वापस लौटे।

यह कहना ही अब निरर्थक है कि उसके बाद से चाणक्य ने किनारे से आक्रमण करना और जीतना आरम्भ किया। केन्द्र पर आक्रमण को टालते गये। छोटी–सी

दिखने वाली अनेक विजय ने उन्हें सैनिकों और शस्त्रों से सुसज्जित कर दिया। इसी से अन्तिम विजय का मार्ग खुला।

अन्तिम धक्का

जिसे सांसारिक ज्ञान रहता है उसे संसाधनों की कमी नहीं रहती अथवा संसाधनों की कमी से कोई बाधा उत्पन्न नही होती। उनमें कम से कम साधनों से ही अतिशय कार्य सम्पन्न कर लेने की क्षमता होती है। सीमित साधनों का वे ऐसा और इतना उपयोग करते हैं कि कार्य समय पर पूरे हो जाते हैं। जिस संगठन को वे खड़ा कर देते हैं, उसे अतिशय शक्तिशाली भी बना देते हैं।

चाणक्य ने नन्दवंश को जो अन्तिम धक्का दिया और नष्ट कर दिया, उसे इसी परिप्रेक्ष्य में देखा जाना चाहिए। चाणक्य को पता था कि घनानन्द की सेना से बड़ी और ज़्यादा शक्ति–सम्पन्न सेना का गठन करने में वे सफल नहीं होंगे। फलतः उन्हें जो भी करना था, अपनी छोटी–सी सेना और थोड़े हथियारों से ही करना था। वे न अपनी सेना का विनाश सह सकते थे, क्योंकि वे स्वयं सेनाविहीन हो जाते और न वे घनानन्द की सेना का ही अन्त सहन कर सकते थे, क्योंकि भविष्य की सारी कारवाई घनानन्द की सेना के उपयोग से ही करना था। वे प्रजा का विनाश भी सहन नहीं कर सकते थे, क्योंकि वैसी स्थिति में शासन पलटने का कोई अर्थ ही नहीं हुआ। तब वे प्रजा को भी खो देते, उनके धन को भी और विश्वास को भी।

उनकी सारी सफलता इस बात पर निर्भर थी कि घनानन्द की सारी सेना निष्क्रिय हो जाये। इन्हीं बातों को आधार में रखकर चाणक्य ने अन्तिम धक्के में नन्दवंश को समाप्त करने की योजना बनायी। यह सब कैसे हुआ? यह जानना जरूरी है।

प्रमाण ये जताते हैं कि प्रण के प्रथम दिन से ही चाणक्य नन्दवंश को दिये जाने वाले अन्तिम धक्के की तैयारी करते रहे। पूर्णतया निरापद और सफल होने वाली योजना को लेकर ही वे वर्षों तैयारी करते रहे। सूचनाएँ एकत्रित कर सँजोते रहे; व्याख्या करते रहे और तदनुसार एक–एक कदम बढ़ाते रहे। अपनी योजना के अनुरूप विभिन्न स्थानों पर अपने आदमी या गुप्तचर बैठाते रहे या सैनिक रखते रहे। पहले तो वे केन्द्र पर आक्रमण करते रहे, पर योजना बदल कर ऐसे जगहों पर आक्रमण करना आरम्भ किया, जहाँ मगध की सेना आसानी से नहीं पहुँच सकती थी। वैसे आक्रमणों में उन्हें आसानी से सफलताएँ मिलीं और चाहकर भी सेना प्रतिकार करने नहीं पहुँच सकी। उन्हें सूचना का विलम्ब से मिलना तो कारण था ही, घोषित दुश्मनों के प्रभावों की तीव्रता और तीक्ष्णता ने भी सेना को शीघ्रता करने नहीं दिया।

किन्तु वे सीमा क्षेत्रों की जीत से सन्तुष्ट नहीं थे। वे पूर्ण विनाश का प्रण कर चुके थे : **पूर्ण विनाशं वदामि***।*

चाणक्य पाटलिपुत्र में और घनानन्द के राजमहल में अपने व्यक्तियों को रखना प्रारम्भ कर चुके थे। वे केवल स्थापित चार नियमों साम, दाम, दण्ड और भेद का ही

प्रयोग नहीं कर रहे थे, उनमें तीन अपनी ओर से जोड़कर सभी का प्रयोग कर रहे थे। ये सभी कार्य अन्तिम धक्के के पूर्व पूरे महल, महलवासी और नागरिकों को अनुपयोगी बना देने के लिए किये जा रहे थे।

उन सबको चुन–चुनकर घनानन्द से अलग करते जा रहे थे, जिनके साथ घनानन्द ने कभी दुर्व्यवहार किया था, जो अप्रसन्न थे और घाव को हरा रखे हुए थे। इसलिए भी घनानन्द को भनक तक नहीं मिली कि उसकी राजधानी और राजमहल में क्या कुछ बदल गया है? जब भी जहाँ भी ज़रूरी लगा, वे गये या संवाद भिजवाया। इस तरह अनेक कार्य करने के लिए विभिन्न लोगों को स्थापित कर दिया गया, जिनमें अन्दर बाहर की स्थितियों को जानने वाले पुराने लोग अधिक थे। उनसे केवल सैनिकों को ही अपनी ओर नहीं मिलाया गया, बल्कि अधिकारियों, मन्त्रियों, वैश्यों के साथ–साथ वेश्याओं और उनके आदमियों को भी मिला लिया गया।

वेश्या को मिलाने का विशेष कारण था कि अधिकांश सैन्य और गैर–सैनिक अधिकारी वेश्याओं के पास नियमित रूप से जाते रहते थे। अन्तिम धक्के के समय उन्हीं वेश्याओं ने उनकी मदिरा में बेहोशी की दवा मिलाकर पिला दिया। इसने चाणक्य के कार्य को बहुत आसान कर दिया। इन सारी कार्रवाईयों को रहस्य के पर्दे में कुछ ऐसा रखा गया कि मौके पर कोई आदेश देने वाला भी नहीं था।

उसके कुशल गुप्तचर एक के बाद एक मजबूत स्तंभ ढाहते जा रहे थे कि अन्तिम धक्के में नन्दवंश धराशायी हो जाये। ठीक इसी तरह सब घटित भी हुआ।

जब सारी तैयारियाँ पूरी हो गयी, तब एक शुभ दिन चाणक्य और चन्द्रगुप्त शेष सैनिकों को लेकर पाटलिपुत्र आये। उनके साथ उनकी संक्षिप्त किन्तु सम्पूर्ण शक्ति थी। उन्होंने उन्हें कुछ इस प्रकार फैलाया कि सभी महत्त्वपूर्ण स्थल और व्यक्ति घिर गये। उसके लोग उनके सभी निर्देशों का अक्षरशः पालन कर रहे थे।

आधी रात के बाद बाहर प्रतीक्षारत पूरी मौर्य सेना ने पाटलिपुत्र पर आक्रमण कर दिया। जब तक सेना कुछ समझे और महलवासी जानकारी पा सके उसके पहले ही मौर्य सेना महल में प्रवेश कर गयी। अधिकांश अधिकारी बेहोशी अथवा निद्रालस अवस्था में कोठों से पकड़ लिये गये। स्वयं घनानन्द अनेक स्त्रियों के साथ चुहल करता हुआ पकड़ा गया। अर्द्धनग्न अवस्था में वह कैद कर लिया गया। कुछ घण्टों में और बिना ज्यादा खून–खराबा के ही सभी राजपुरुष पकड़े गये। अधिकांश उसी समय मार दिये गये, शेष को उनसे कुछ आवश्यक जानकारियाँ ले लेने के बाद मौत के घाट उतारा गया। इस तरह नन्दवंश का समूल विनाश हो गया।

अहले भोर में लोगों ने सब कुछ परिवर्तित पाया। चाणक्य ने स्नान किया; पूजा आदि करने के बाद उन्होंने उत्सव भरे वातावरण में अपनी खुली चोटी को पुनः बाँधा। यह कार्य उसी स्थान पर सम्पन्न किया गया, जिस स्थान पर प्रण करके उन्होंने अपनी चोटी को खोल दिया था। अन्तिम धक्का सफल हुआ था और चाणक्य का

असम्भव–सा प्रण सम्भव हो गया था।

उस दिन सूर्य ज्यादा प्रसन्न और चमकीला लग रहा था।

व्याख्या : कोई भी उस सन्तोष की कीमत नहीं आँक सकता, जो हमें किसी दुरूह कार्य को या छोटे–मोटे कार्य को सफलतापूर्वक पूरा करने पर या ऐसी ही किसी उपलब्धि पर प्राप्त होता है। किसी सफल व्यक्ति के जीवन में ऐसे सफल और सन्तोष से भरे क्षण बार–बार आते हैं, जो उसे कर्मरत तो रखते ही हैं और अधिक शक्ति लगाकर श्रम करने की प्रेरणा देते हैं। हम सभी अन्तिम क्षणों में विजयी होने के लिए होश, जोश और केन्द्रित मन से पूरी शक्ति लगाकर कार्य करें कि हर बार सफलता मिले और सफलता का सुख, आनन्द और सन्तोष प्राप्त हो, जीत जीवन्तता का कारण बने।

प्रभाव : अंश–प्राप्ति का नहीं, सम्पूर्ण–प्राप्ति का महत्त्व होता है। इसमें किसी शंका की सम्भावना नहीं है। किन्तु पूरी क्षमता के साथ किया गया पूर्ण प्रयास उन सभी प्राप्तियों से ज्यादा मूल्यवान और महत्त्वपूर्ण है क्योंकि सभी प्राप्तियाँ प्रयास का ही प्रतिफलन हैं।

5

अर्थ और कौटिल्य अर्थशास्त्र

कौटिल्य अर्थशास्त्र उस विषय पर लिखी हुई पुस्तक नहीं है, जिसे 'अर्थशास्त्र' कहते हैं और जिसे विद्यालयों और महाविद्यालयों में पढ़ा–पढ़ाया जाता है। यह अर्थशास्त्र का सिद्धान्त नहीं देता और न किसी देश विशेष, स्थान–विशेष या जाति–विशेष के अर्थ संचयन और अर्थागम के विभिन्न साधनों पर केन्द्रित है। यह न सैद्धान्तिक, न व्यावहारिक पश्चिमी तर्ज पर लिखित कोई ग्रन्थ है।

कौटिल्य अर्थशास्त्र विस्तृत ही नहीं व्यापक है : कलेवर में भी; सन्दर्भ में भी और इस विषयवस्तु के गहन प्रकाशन में भी। सबसे महत्त्वपूर्ण बात कि यह प्रशासन का मार्गदर्शन करता है; नीतिशास्त्र और राजनीतिशास्त्र की तरह नीति निर्धारित करता है और कानून की तरह नियम तय करता है। इसमें माप–तौल भी है; घोटालों की चर्चा भी है; दण्ड भी है और सन्धि भी है। व्याकरण की सन्धि नहीं, राजनयिक सन्धि।

यह दोतरफा है। यह प्रशासकीय धर्म और कर्म निर्धारित करता है और राजा तथा प्रजा के कर्तव्य और अधिकार को भी स्पष्ट करता है। इसी में आमदनी के विभिन्न स्रोतों की चर्चा है; सुरक्षा की चर्चा है; कर निर्धारण है और करों की वसूली भी है।

अर्थ के अर्थ की चर्चा चाणक्य ने पुस्तक के अन्तिम दो तीन श्लोकों में किया है। *मनुष्याणां वृत्तिः अर्थः* मानव के जीवन के संसाधनों को अर्थ कहते हैं। *मनुष्यवती भूमिः इति अर्थः।* मनुष्य के द्वारा उपयोग में लायी गयी भूमि को 'अर्थ' कहते हैं। अँग्रेजी का अर्थ यानी धरती शब्द भी इसी से लिया गया लगता है यद्यपि कि अँग्रेजी के कोशों में ऐसी स्वीकृति नहीं है। *तस्याः पृथिव्याः लाभ पालन उपायः शास्त्रं अर्थशास्त्रम्।* वह विज्ञान जो धरती के उपयोग और संरक्षण का मार्ग और साधन बताता है, अर्थशास्त्र कहलाता है।

भारत में इस शास्त्र को बहुत विस्तार दिया गया है। यह आदर्श शिक्षा भी देता है : *धर्म अर्थ विरोधेनकामं सेवेत न निः सुखः स्यात्।* धर्म और अर्थ के नियमों के अनुसार आचरण करना चाहिए, जो इनके विपरीत चलता है, उसे सुख नहीं मिलता।

अर्थ के तीन प्रकार के अर्थ
1. वाच्य, अभिव्यक्त, अभिधा
2. लक्ष्य, लक्षणा

3. व्यंग्य

'अर्थ' शब्द का विभिन्न अर्थों में प्रयोग संस्कृत में मिलता है।

➢ विनम्र शब्दों में किसी से कुछ प्रार्थना करना : *त्वामि मम् अर्थं अर्थयते।*

➢ कुछ पाने की चेष्टा करना : *प्रिया प्रभृत्ति निमित्तं अभ्यर्थये।*

➢ अर्थ, उद्देश्य, इच्छा : *ज्ञान अर्थोज्ञान सम्बन्धं श्रोतुं श्रोतः।*

➢ कारण, साधन जिन्हें रूप, रस, गन्ध, स्पर्श और ध्वनि से जाना जा सके : *इन्द्रियभ्यः पराह्य अर्थ-अर्थेभ्यः च परं मनः।*

➢ व्यापार, कार्य, कार्यवाही, प्रस्ताव, सुझाव : *अर्थो अयं अथान्तर भाव्य एव।*

➢ धन, सम्पदा, अर्जित सम्पति, चार में एक पुरुषार्थ : *अप्य अर्थ-कामौ तस्यास्तां-धर्मेव मनीषिणः।*

➢ उपयोग, सत्कर्म, लाभ, लाभांश : *तथा हि सर्वे तस्य आसन परार्थे फलागुणाः।*

अर्थागम किसी भी प्रकार की आमदनी है और आनन्दप्रद है। *अर्थोपार्जन*, कर्म से विशेषकर सत्कर्म से धन का उपार्जन आवश्यक है। उसी से *अर्थ-गौरवम्* की प्राप्ति होती है, प्रतिष्ठा बढ़ती है। *अर्थ तत्त्वम्*, धन सत्य है और सत्त्व है। अतिशय खर्चालु होना और धन का अपव्यय करना *अर्थ दूषणम्* है। कुछ लोग **अर्थ-विकल्प** ढूढ़ते हैं, केवल वही जानते हैं कि आन्तरिक क्रियाशीलता, कार्य क्षमता और कार्य कुशलता अर्थ का सर्वश्रेष्ठ विकल्प है, क्योंकि उसी से *अर्थोत्पति* और *अर्थोपार्जन*, *अर्थसंचय* और *अर्थ-रक्षा* होती है।

अर्थशास्त्र लिखने के क्रम में चाणक्य ने अर्थ शब्द के बत्तीस प्रकार के अर्थ गिनाये है, जो यथास्थान दिया गया है। उन्हें देखने और समझने का अपना अलग आनन्द है। उन्हें धन को एकत्रित, संचित और सुरक्षित करने के भी प्रकारान्तर से बत्तीस मार्ग, उपमार्ग बन जाते हैं।

जब 'अर्थ' को मानव के चार पुरुषार्थों में एक माना जाता है, तब इसे संकुचित अर्थ में लिया ही नहीं जा सकता। केवल धन का संचय 'अर्थ' नहीं होगा। उसका लाभप्रद, उपयोगी व्यय और उससे प्राप्त होने वाला अपना और दूसरों का आनन्द और प्रतिष्ठा, सभी कुछ इससे सम्बन्धित हैं। इसलिए चाणक्य स्पष्ट कह देते हैं कि अर्थोपार्जन हो और अर्थ और काम का आनन्द भी प्राप्त हो, किन्तु अपनाये गये अधार्मिक, तरीकों, किये गये अनर्थ और विद्वेषपूर्ण व्यवहार को नष्ट कर दिया जाना चाहिए या यह शास्त्र नष्ट कर देता है :

धर्मं अर्थं च कामं च प्रवर्तयति पाति च।
अधर्म अनर्थ विद्वेषान इदं शास्त्रं इदं निहन्ति च।

धन में तीन गुण अवश्य होने चाहिए जिसे धन सम्पादित करे : उसे *आनन्ददायकम्; धर्म*

धारकम् और ***मोक्ष कारकम्*** होना चाहिए। आनन्द न दे, तब धन की क्या उपयोगिता? अगर नैतिकता बचाये न रख सका, तब धन किसलिए? धन अगर मुक्ति का साधन न बने, मुक्ति में बाधक हो, तब वह धन किस काम का? धन से भोजन, वस्त्र, आवास और विलास का प्रबन्ध करना, धन का व्यय है; उपयोग नहीं। इसमें उसकी कोई उपयोगिता नहीं।

अर्थशास्त्र का प्रणयन

यद्यपि कि इस अमर कृति 'कौटिल्य अर्थशास्त्र' का प्रणयन बहुत बाद में हुआ, किन्तु इसकी रूपरेखा, स्वरूप और लेखकीय परियोजना बहुत पहले तैयार हो गयी होगी, क्योंकि एक बार के क्रमवार लेखन में ऐसी संगठित कृति नहीं दी जा सकती।

संयोग से चाणक्य रूपी अध्येता को, अध्ययनरत शिक्षक मनीषी को वे सारे उपादान, कारक सहज प्राप्त होते गये, जो चिन्तन को जाग्रत करते हैं और अनवरतता बनाये रखते हैं। तब इतने राजे–राजवाड़े थे कि उनके कार्यों की समीक्षा करते हुए उनकी कमजोरियाँ स्पष्ट दिख जातीं थी, फलतः उन्हें दूर करने के विभिन्न उपाय खोजने में भी चिन्तन होता रहा। यह जानना कठिन है कि उसका लिखित प्रारूप किस प्रकार तैयार और विकसित होता रहा, मगर लेखन की जो भारतीय परम्परा थी और स्मृति तथा मेधा की जो तीक्ष्णता थी, उससे समय–समय पर उसमें होने वाले परिवर्तन और पुनर्लेखन को नकारा नहीं जा सकता।

चूँकि इसमें विध्वंस, निर्माण और दीर्घकाल तक बने रहने के सारे सफल मार्ग साथ–साथ दिखाये गये हैं और साफ दिखते हैं इसलिए यह स्पष्ट लगता है कि नन्द के दरबार में किये गये प्रण ने भी जागरूक होकर नन्द की कमजोरियों और स्थापित किये जाने वाले साम्राज्य से उन्हें दूर करने के तरीकों पर भी काफी मन्थन हुआ होगा, तभी यह कालजयी कृति आयी। कोई जाने अथवा नहीं, माने या नकार दे, कालजयी कृतियाँ बहुत कम आती हैं और जो सचमुच कालजयी होती हैं, उनमें प्रणेता का दीर्घकाल तक का सतत् प्रयास रहता है; सद्प्रयास तो रहता ही है।

इसीलिए वे घोषणा कर पाते हैं कि जो 'राजा' प्रजा और सभी जीवों के उत्थान के लिए कार्य करता है; ***सर्वभूत हिते रताः*** सतर्कता से प्रशासन का संचालन करता है; शिक्षा का ध्यान रखता है, वह बहुत दिनों तक शासन करेगा :

विद्या-विनीतो राजा हि प्रजानाम विनये रतः।
अन्यानां पृथिविं भुंक्वत्ते सर्वभूत हिते रताः।

वह किसी भी राज्य को जीत सकता है, जिसने अपने छः शत्रुओं ***काम, क्रोध, लोभ, मान, मद, अमर्ष त्यागात्*** कार्यः को जीत चुका है!

राजा को अनेक सहयोगी हाथों की आवश्यकता होती है, वह अकेला कुछ नहीं कर सकता जैसे एक चक्के से गाड़ी नहीं चल सकती ***सहाय असाधं चक्रं एकं न वर्तते***।

इसीलिए राज्य में या राज्य जैसी संस्थाओं में विभिन्न तरह के अनेक व्यक्तियों की नियुक्ति की जाती है।

अर्थशास्त्र ने सामाजिक और आपराधिक दो विभागों में बाँटकर तद्नुसार दण्डनीति बनायी और प्रशासन के लिए निर्देश दिये। यह मानते हुए भी कि दण्ड अपराध के अनुरूप ही कम या ज़्यादा होना चाहिए, चाणक्य ने इस बात पर विशेष बल दिया कि दण्ड अवश्य मिलना चाहिए। उस राजा या प्रशासक को कोई नहीं पूछता, जो दण्ड नहीं दे पाता या दण्ड देने में अन्याय करता है। यथार्थ दण्ड देने वाला ही पूजित होता है–

तीक्ष्ण दण्डो हि भूतानां उदेजनीय।
मृदु दण्डः परिभूयते। यथार्थ दण्डः पूज्यः।

अगर सम्पूर्ण कौटिल्य अर्थशास्त्र को देखा जाये तब इसमें 6,000 पद्यांश हैं, जिनमें 380 श्लोक हैं, जिन्हें तीन खण्डों और पन्द्रह अधिकरणों में इस प्रकार विभाजित किया गया है कि उसमें 150 अध्याय और 180 प्रकरण अँट गये हैं। इसमें निम्नलिखित सभी चीजों के अतिरिक्त भी बहुत कुछ है।

कार्य और कार्य सिद्धि	*मन्त्रणा और मन्त्रों को कार्य का रूप देना*
राज्यतन्त्र	कार्य–व्यवस्था और व्यवस्थापक
राज्यनीति	युगधर्म, लोक नीति
साहस, उद्यम, क्रियान्वयन	सन्धि
आचरण	अर्थ एवं काम
अर्थागम के स्थान या स्रोत	दण्ड
दोष	चरित्र
कार्य व्याप्ति	उत्साह, निर्णय, कार्य की पूर्णता
नैतिकता, धर्माचरण से अर्जन	स्वजन

महत्त्वपूर्ण स्थापनाएँ

चाणक्य की अनेक स्थापनाएँ हैं, उन्हें निकाल कर एक जगह देना न उपयोगी है और न आवश्यक। उन्हें उनके सन्दर्भ में समझा जाना चाहिए। किन्तु कुछ ऐसे भी हैं, जिन्हें अलग देना आवश्यक है, इसलिए नीचे दिये जा रहे हैं।

- 'स्व' को व्यवस्थित करने के साथ व्यवस्था का कार्य आरम्भ होता है।
- व्यवस्था को व्यवस्थापक से अलग नहीं किया जा सकता।
- इन्द्रियजय का स्थापित अर्थ है : नेत्र, कान, नाक, जीभ और त्वचा की संवेदनशीलता के साथ काम, क्रोध, मद, मोह, लोभ और रोष पर नियन्त्रण।
- इन्द्रिय जय का मूल विनय है *इन्द्रियजयस्य मूलं विनयम्*।
- नैतिकता से, अनुशासन से और विनम्रता से स्वयं पर नियन्त्रण होता है।

➤ *विरूप-सेवनं विज्ञानम्*, वृद्ध की सेवा से ज्ञान की प्राप्ति होती है।

➤ विज्ञान, कला, मानवीय व्यवहार का ज्ञान 'विज्ञान' कहलाता है।

➤ साहित्यिक, दार्शनिक और आध्यात्मिक ज्ञान ही 'ज्ञान' कहलाता है।

➤ *विज्ञानेन आत्मानं सम्पादयेत्* : सांसारिक ज्ञान एकत्रित कर अपने को मजबूत करना चाहिए। दैनन्दिन व्यवहार में सम्बन्धों और संयमित वाणी का निर्वाह करना चाहिए जिससे कि हाथ में लिया हुआ कार्य आसानी से और अच्छे ढंग से सम्पन्न हो जाये।

➤ *सम्पादित-आत्म जीतात्म भवति।* जिसने ज्ञान प्राप्त कर लिया, उसने स्वयं को जीत लिया। अब वह सभी कार्य कर लेने में सक्षम है, क्योंकि वह मन, वचन और कर्म तीनों से सन्तुलित है। अब वह अपने हित को संगठन के हित से बड़ा नहीं मान सकता। किसी बाहरी प्रभाव में आकर कोई निर्णय नहीं ले सकता और संगठन के लिए सामाजिक दायित्वों का त्याग नहीं कर सकता है।

➤ *जीतात्मा सर्वार्थे सन्युज्यते।* नियन्त्रित व्यक्ति सभी अवगुणों से दूर और गुणों से युक्त होता है।

➤ *सर्वार्थे* : उसके पास सब होता है : धन, व्यक्ति यानी कर्मचारी, साधन, प्रणाली और वह सभी दायित्वों को सफलतापूर्वक निर्वाह कर लेता है।

6

चाणक्य की नारी-चेतना

चाणक्य की नारी-चेतना अलग से व्याख्या की माँग करती है, क्योंकि चाणक्य ने नारी पर बहुत टिप्पणियाँ की है; पक्ष में भी और विपक्ष में भी। नारी पर बहुत लिखा है और बहुत अच्छा लिखा है और जो भी लिखा है, सब सत्य है। नारी पर चाणक्य में पूरे श्लोक; पूरे सूत्र; आधे श्लोक और चौथाई श्लोक भरे पड़े हैं।

नारी में विरोधाभास

नारी विरोधाभासों का केन्द्र है। नारी शीघ्र ही शक्ति का हरण करती है और उसी का दूध पीने से तत्काल बल प्राप्त होता है। वैसे प्रकृति ने ब्रह्माण्डीय प्रणाली के अनुसार और सन्तुलन सामंजस्य बनाये रखने के लिए प्रत्येक स्थूल और सूक्ष्म का उल्टा सृजन भी कर रखा है। कई जगह एक ही अनेक विपरीत और विरोधी चीजें और प्रवृत्तियाँ मिलती हैं। किन्तु जब नारी की बात आती है, तब सर्वाधिक विरोधी कार्य और भाव दिखते हैं।

नारी शक्ति का स्रोत है और अशक्त है। नारी श्रद्धा है, विश्वास है, पीयूष है, पीयूष स्रोत है और उसी से सर्वाधिक घृणा की जाती है; जिसपर सबसे ज्यादा विश्वास किया जाता है, उसी पर सर्वाधिक अविश्वास होता है; स्त्रियाँ ही शंका की दृष्टि से देखी जाती हैं। पीयूष और पीयूष-स्रोत ही विष देती है, विष बन जाती है, बदले लेती है और प्रशंसा तथा शिकायत दोनों ही रूपों में नागिन कही जाती है।

> नारी तुम केवल श्रद्धा हो विश्वास रजत नग पगतल में।
> पीयूष स्रोत सी बहा करो जीवन के सूखे समतल में।

और यह भी कि

> अबला जीवन हाय तुम्हारी यही कहानी।
> आंचल में है दूध और आँखों में पानी।

नारी श्रद्धा है, विश्वास है, पीयूष-स्रोत है। वही अबला भी है; सबला भी। उसकी रुदन दहला देती है और उसकी मुस्कान खिला देती है। वह बदल जाती है और सामान्य हो जाती है। वह बदल देती है, और जिसे बदल देती है वह कभी सामान्य नहीं हो पाता।

नारी विविध है और विचित्र, ***देखिअ तव रचना विचित्र मन ही मन रहिए***। किन्तु चाणक्य मन में ही सोच कर मन में दबाकर रखने वाले नहीं थे। उनके पास वाणी की, अभिव्यक्ति की शक्ति थी, उन्होंने सब कह दिया है।

नारी–सन्तुलन

'नारी' सीता है, राधा है, रुक्मिणी है, ललिता है। नारी पार्वती है, दुर्गा है, काली है सावित्री है और सविता है। वही कौसल्या है, उर्मिला है,। वही गायत्री है, सरस्वती है और लक्ष्मी है। एक तरफ अप्सरा है, मेनका है, रम्भा है। दमयन्ती भी वही है और मन्दोदरी भी वही। वही शैव्या है और शबरी है, अहल्या है, अनसूया है। तब दूसरी ओर वही कैकयी है और मन्थरा भी वही है। वह अगर कुन्ती है, पांचाली है, गान्धारी है तब वही ज्ञानी वेश्या कोशा है तथा ऋषि का गार्गी है और मैत्रेयी है। वही परा शक्ति है और अपरा भी। वही राजसी, तामसी और सात्विक वृत्ति है। वही आसक्ति है और वही निवृत्ति ***'सा भार्या यत्र निवृत्ति'***। वही तृष्णा है और वही ***तृप्तिः सद्यः शक्तिहरा नारी सद्यः शक्तिकरं पयं***। नारी शीघ्र ही शक्ति का हरण करती है और उसी का दूध पीने से तत्काल बल प्राप्त होता है।

नारी पुरुष के हाथ का खिलौना है और नारी पुरुष को अपनी अँगुलियों पर नचाती है। पुरुषों द्वारा रचे गये षड्यन्त्रों में नारी की अहम भूमिका रहती है और स्वयं नारी हर तरह के षड्यन्त्र का सूत्रपात करती है। पुरुष सूत्रधार होता है, स्त्रियाँ कठपुतली और स्त्रियाँ केन्द्र होती हैं, पुरुष परिधि में घूमता है। पुरुष भरण–पोषण करता है; वह स्त्रियों का सहारा है और स्त्रियाँ घर चलाती हैं, पुरुष उन पर निर्भर है। स्त्रियाँ दानी होती हैं और पुरुष कभी प्रशस्ति गाता, कभी गिड़गिड़ाता दान ग्रहण करता है। पुरुष शक्तिशाली होता है; स्त्रियाँ दुर्बल होती हैं और वे ही शक्ति का स्रोत हैं और निर्बल पुरुष सदा याचक। ये सभी विरोधी बातें हैं, मगर सही हैं। स्त्री को कभी किसी एक रूप में नहीं देखा जा सकता, क्योंकि नारी गुणों की खान है और दोषों का भण्डार।

सब नारी ही है, एक ही है, पर भिन्न–भिन्न। एक ही के लिए, किन्तु भिन्न–भिन्न समय पर और विविध रूपों में; विविध आचरण, क्रिया और प्रभाव लिए हुए। जिधर जिस रूप में देखिए उसी रूप–गुण की नारी मिल जायेगी, क्योंकि एक ही का अनेक रूप होता है और एक ही में अनेक गुण होते हैं; वह हर रंग की होती है और हर स्वाद की। इसलिए वह समझ से परे हैः ***दैवो न जानाति कुतो मनुष्यः***। एक ही और सभी अलग भाव, भिन्न विचार, स्वतन्त्र दर्शन, डुबोने का सामर्थ्य और विलयमान अस्तित्व लिए रहती हैं। इसलिए चाणक्य कह देते हैं कि कौन–सा कार्य स्त्रियाँ नहीं कर सकतीं यानी स्त्रियाँ कुछ भी कर सकती हैं: ***किं न कुर्वन्ति योषितः***।

चाणक्य ने नारी को सूक्ष्म वैचारिक दृष्टि से देखा है; सामाजिकता की मानवीय कसौटी पर कसा है; उनके विभिन्न कार्य–कलापों को सहृदयता से परखा है; उनसे उत्पन्न होनेवाली समस्याओं पर गहराई से विचार किया है और बचाव का, समाधान का सरल उपाय भी बताया है।

चाणक्य ने नारी के निम्नतम पतन और उच्चतम उत्थान और इनके बीच की अनेक अवस्थाओं पर सन्तुलित अवधारणाओं और निर्णयों को स्पष्ट और खुलकर अभिव्यक्त किया है। नारी के सम्बन्ध में एक ही जगह चाणक्य ने सब कुछ या बहुत कुछ कहने का प्रयास नहीं किया है, बल्कि जैसी स्थिति दिखी है अथवा लिखने के क्रम में जो और जितना आवश्यक लगा है और उस क्रम में आना चाहिए था, वहाँ बस उतना ही लिखा है।

पक्ष : सकारात्मक

चाणक्य ने शिशु–रूप, कन्या, पतिव्रता, सुघड़ गृहिणी और माता की भूरि–भूरि प्रशंसा की है।

नारी के माता रूप को चाणक्य ने श्रेष्ठतम् सिद्ध किया है। वे कहते हैं कि गायत्री से बढ़कर कोई मन्त्र नहीं है और माता से बढ़कर कोई देवता नहीं है:

न गायत्रयाः परो मन्त्रो न मातुः परं दैवतम्।

चाणक्य की दृष्टि में ही नहीं, भारतीय मान्यता के अनुसार भी पाँच माताएँ होती हैं– राजा की पत्नी; गुरु की पत्नी; मित्र की पत्नी; पत्नी की माता और जन्मदात्री माता:

राजपत्नी गुरोः पत्नी मित्र पत्नी तथैव च।
पत्नीमाता स्वमाता च पंचैता मातरः स्मृता।

माता को उन्होंने सर्वश्रेष्ठ शिक्षिका माना है। दस गुरु के बराबर एक शिक्षक होते हैं, सौ शिक्षकों के बराबर एक पिता होता है और हजार पिताओं के बराबर एक माता शिक्षा दे देती है।

चाणक्य का मानना है कि अच्छी स्त्रियाँ सम्पूर्ण घर की रक्षक होती हैं: ***सत्स्त्रिया रक्षयते गृहम्***। वैसी ही स्त्रियाँ घर में मित्र होती हैं: ***भार्या मित्रं गृहेषु च***। जैसे प्रेम, व्यवहार बराबरी वालों में ठीक होता है; नौकरी राजा की उचित है; कार्य में सबसे अच्छा व्यवसाय है, उसी तरह उत्तम गुणोंवाली स्त्री की शोभा घर में ही है:

समाने शोभते प्रीतिः राज्ञि सेवा च शोभते।
वाणिज्यं व्यवहारेषु दिव्या स्त्री शोभते गृहम्।

इसी तरह पतिव्रत को उन्होंने उच्च स्थान दिया है:

कोकिला स्वरो रूपं स्त्रीणां रूपं पतिव्रतम्।
विद्या रूपं कुरूपाणां क्षमा रूपं तपस्वीनाम्।

कोयल का सौन्दर्य उसके स्वर में है; स्त्रियों का सौन्दर्य उनके पतिव्रता होने में है; कुरूप लोगों का सौन्दर्य उनकी विद्वता में है और तपस्वियों की सुन्दरता उनके क्षमावान होने में है। ***पतिः-एव गुरु स्त्रीणां***। पति ही स्त्रियों का गुरु होता है।

चाणक्य की दृष्टि में पत्नी वही अच्छी है, जो मन, वचन और कर्म से पति को समर्पित हो; अपने कार्य में कुशल हो; पति से प्रेम रखे और सच बोलेः

सा भार्या या शुचिः दक्षा सा भार्या या पतिव्रता।
सा भार्या या पतिप्रीता सा भार्या सत्यवादिनी।

उस व्यक्ति का जीवन स्वर्ग है, जिसकी पत्नी उसकी इच्छा के अनुसार कार्य करती हो; जिसका बेटा वश में रहता हो; और जो धन के मामले में सन्तुष्ट होः

यस्य पुत्रो वशीभूतो भार्या छन्दानुगामिनी।
विभवे यश्च सन्तुष्टस्तस्य स्वर्ग इहैव हि।

शायद इसीलिए यह माना जाता है कि स्त्री अनेक प्रकार के दान से शुद्ध नहीं होती; यात्रा से भी शुद्ध नहीं होती; वह केवल पति के चरणों की सेवा से शुद्ध होती है।

न दाने शुद्धयते नारी न उपवास शतेः अपि।
न तीर्थसेवा तद्वद् भर्तृः पादोवकैः यथा।

चाणक्य ने पत्नी के लिए पति को सर्वाधिक महत्त्वपूर्ण माना है। वे स्वीकार करते हैं कि पति में उत्साह की वृद्धि ही स्त्रियों के लिए उत्सव है, ***पति-उत्साह युता नार्यः***।

पत्नी वही अच्छी है, जो पति की आज्ञा लेकर ही सारे कार्य निष्पादित करती है अथवा वही कार्य करती है, जिसमें पति की स्वीकृति रहती है। जिस कार्य को करने से पति रोके उस कार्य को उसे नहीं करना है। अगर कोई पति के विरोध करने पर भी व्रत–उपवास करती है; पत्नी के अस्वस्थ रहने पर पति व्रत–उपवास से रोकते हैं; तब भी अगर कोई उपवास करती है, तब उसे अत्यधिक नारकीय कष्ट भोगने पड़ते हैं और पति के तनाव में पड़ने से उसकी आयु क्षीण होती है :

पत्युः-आज्ञा बिना नारी उपोष्य व्रतचारिणी।
आयुष्यं हरते भर्तुः सा नारी नरक व्रजेत।

जो ऐसी मान्यताएँ नहीं मानतीं, वे तनाव में जीती हैं। पति की भी वही स्थिति रहती है। फलतः जीवन कलहपूर्ण हो जाता है। यह आज की परेशानी है कि न कोई संयम बरतता है और न नियन्त्रण में रहता या रहती है। पति के नहीं रहने पर स्त्रियाँ नष्ट हो जाती हैं : ***स्त्रियो नष्टा ह्यभर्तिकाः***। धन के क्षय होने पर ही पत्नी की परीक्षा होती है : ***भार्या च विभवक्षये***।

नष्ट तो वह गणिका भी हो जाती है जो सलज्ज होती है। अगर गृहिणी निर्लज्ज हो जाये तब वह भी नष्ट हो जाती है : ***सलज्जा गणिका नष्टा निर्लज्जाः च कुलांगना***। इधर–उधर घूमने वाली स्त्रियों का भी नाश हो जाता है : ***स्त्री भ्रमन्ति विनष्यति***। उसी तरह दूसरे के हाथ में गयी हुई स्त्रियाँ भी नष्ट हो जाती हैं : ***नश्यति परहस्तगता स्त्रियः***। स्त्रियों को दूसरे के घर में नहीं रहना चाहिए, क्योंकि दूसरे के घर में रहने वाली स्त्रियाँ भी नष्ट हो जाती हैं।

नदीतीरे च ये वृक्षा परगृहेषु कामिनी।
मन्त्रीहीनाः-च राजानः शीघ्र नश्यन्य-संशयम्।

स्त्रियों के आकर्षण की चाणक्य ने सराहना की है। उनके अनुसार ऐसा कौन है, जो सुन्दर रुपवती स्त्रियों के वश में न हुआ हो : ***स्त्रीभिः कस्य न खण्डितं भूवि मना को नाम राज्ञां प्रियः***। वे तो यहाँ तक कहते हैं, कि जिसने स्वप्न में भी नारी के सुन्दर स्तनों और जंघाओं का आलिंगन नहीं किया, वह व्यक्ति माता के यौवन रूपी वृक्ष को काटने वाला कुल्हाड़ी का काम करता है :

नारी-पीन-पयोधरोरू-युगलं स्वप्लनो अपि न-आलिंगतं।
मातु केवलं-एव यौवन-वनच्छेदो कुठारा वयम्।

राजा का बल उसकी भुजाओं का बल है; ब्राह्मण का बल उसका ज्ञान है और स्त्रियों का बल उनका रूप, यौवन और मधुर व्यवहार है :

बहुवीर्यं बलं राज्ञो ब्राह्मणो ब्रह्मविद्बली।
रूप-यौवन-माधुर्यं स्त्रीणां बलं उत्तमम्।

यौवन नारी का सर्वश्रेष्ठ धन है, जिसे वह खोना नहीं चाहती। झुकी हुई नीचे देखकर चलती हुई किसी बूढ़ी स्त्री से किसी ने पूछा – 'हे वृद्धे! नीचे क्या ढूँढ़ रही हो? क्या पृथ्वी पर तुम्हारी कोई चीज गिर पड़ी है?'

वृद्धा ने उत्तर दिया – 'अरे मूर्ख! तू नहीं जानता? मेरा यौवनरूपी मोती खो गया है :

अधः पश्यसि किं वृद्धे पतितं तव किं भूवि।
रे रे मूर्ख। न जानासिगतं तारुण्यं-मौक्तिकम्।

ईख, तिल, छोटे आदमी, स्त्री, सोना, भूमि, चन्दन, दही और पान को जितना ही मला जायेगा, उतना ही इनके गुण बढ़ते हैं :

इक्षु दण्डाः तिलाः क्षुद्राः कान्ता हेम च मेदिनी।
चन्दन दधि ताम्बूल मर्दनं गुणवर्धनम्।

धन में श्रेष्ठ है सर्व उपकारी धन और नारियों में श्रेष्ठ है कुलवधु। कुलवधुएँ तिजोरी में बन्द धन के समान हैं, जो एक के उपयोग में आती हैं, किन्तु वेश्याएँ वह सर्वोपकारी धन हैं, जो पथिकों के काम आती हैं :

किं तया क्रियते लक्ष्म्या या वधुः-इव केवलम्।
या तु वेश्येव सा मान्या पथिकेः-अपि भुज्यते।

चाणक्य ने दूसरे की स्त्रियों से सहवास करने वाले को चाण्डाल कहा है ***परदाराऽभिमर्शनम् चाण्डालं उच्यते***। वे दूसरे की पत्नी को माता के समान मानने के लिए कहते हैं : ***मातृवत् परदारेषु***। वे उन लोगों को मूर्ख मानते हैं, जो वेश्याओं से प्रेम करते हैं और कठपुतली के समान उनके इशारों पर नाचते हैं :

यो मोहान्मन्यते मूढो श्क्तेयं मयि कामिनी।
स तस्य वशगो भूत्वा नृत्येत् क्रीड़ा शकुन्तवत्।

ऐसा इसलिए है कि वेश्या किसी एक की नहीं होती। वह बातचीत तो किसी एक से करती है, परन्तु हाव–भाव से देखती किसी अन्य को है और अपने हृदय में चिन्तन किसी अन्य व्यक्ति का करती है :

जलपन्ति साधर्मन्येन पश्यन्त्रयन्य सविभ्रमा।
हृदये चिन्त्यन्त्यन्य न स्त्रीजामेकतो रतिः।

निर्धनं पुरुषं वेश्या त्यजेत्। निर्धन हो जाने पर वेश्याएँ उस पुरुष को त्याग देती हैं। इसीलिए जहाँ चाणक्य वेश्याप्रेमियों को मूर्ख कहते हैं, वहीं यह भी घोषणा करते हैं कि जितेन्द्रिय व्यक्ति के लिए स्त्री तिनके के समान है : ***जिता अस्य तृणं नारी***।

सभी बातों पर विचार करके ही वे कहते हैं कि कन्या का विवाह अच्छे कुल में ही करना चाहिए : ***सुकुले योजयेत् कन्या*** क्योंकि कन्या एक ही बार दी जाती है : ***सकृत् कन्या प्रदीयन्ते***। कन्या के लक्ष्मी स्वरूप को स्वीकारते हुए चाणक्य कहते हैं कि कन्या को पाँव से कभी नहीं छूना चाहिए, ***पादाभ्यां न स्पृशेदं कुमारी*** ।

विपक्ष : नकारात्मक

जहाँ तक नारी में अधःपतन का प्रश्न है, उस युग में भी था। वेश्याएँ किस अनादि अनजाने काल से हैं; यह कहना बहुत कठिन है। सहज सन्तुलित नारियों की संख्या प्राचीनकाल में भी नगण्य थी। यही स्थिति मध्यकाल में भी रही। आधुनिक काल में यह संख्या बहुत घट गयी है और अगर जनसंख्या के प्रतिशत के हिसाब से देखें, तब यह संख्या नगण्य है। जवानी के प्रथम चरण से ही काम–वासना की ओर मुड़ जाने वाली किशोरियों से लेकर अधेड़ावस्था में कामुकता की सारी सीमाएँ लाँघकर नग्न शिखरों की ओर बेहिचक और शीघ्रता से बढ़ती महिलाओं की संख्या में अभूतपूर्व बढ़ोतरी हुई है, हर जगह, हर तरफ। लड़के–लड़कियों और स्त्रियों–मर्दों में अंशमात्र भी नियन्त्रण नहीं दिखता है।

यह पतन वैश्विक है और आज अपने चरम पर है। यह मात्र नारी का नहीं, पूरे मनुष्य जाति का अधःपतन हैं। आज स्त्रियों से पुरुष पतन की सीमा ज्यादा लाँघ गये हैं। यह पुरुष वेश्याओं का भी युग है और समलैंगिक विवाह का भी। वासना का यह सबसे घिनौना रूप है। इसलिए इसपर कोई आश्चर्य नहीं कि चाणक्य इन सबकों को शक की निगाह से देखते थे और गुप्तचर–व्यवस्था को दृढ़ से दृढ़तर बनाते गये। चुने हुए पुरुषों पर वह थोड़ा विश्वास कर भी लें, तब नारी पर चाणक्य का कोई विश्वास नहीं था। यही कारण है कि बराबर चाणक्य ने स्त्रियों से सतर्क रहने का उपदेश और साथ में प्रेरणा भी दी है।

जब भी नारी पर चाणक्य ने लिखा है, बहुत सहज ढंग से लिखा है। चाणक्य का कहना है कि नारियाँ पुरुषों की तुलना में दोगुणा भोजन करती हैं; उनमें चौगुनी बुद्धि होती है; छः गुणा साहस होता है और अठगुणा वासना होती है :

स्त्रिणां द्विगुण आहारो बुद्धिस्तासां चतुर्गुणा।
साहसं षडगुणं कामो अष्टगुणं उच्यते।

स्त्रियों के विभिन्न गुणों की विभिन्न स्थलों पर चर्चा मिलती है।

जवानी में चाहे जो हो, किन्तु वृद्ध होने पर नारी पतिव्रता हो जाती है ***वृद्धा नारी पतिव्रता*** क्योंकि तब काम भाव में वह तीखापन नहीं बचता।

चाणक्य ने नारी के दोषों को भी खुलकर गिनाया है। झूठ बोलना; बिना सोचे–समझे काम आरम्भ कर देना; दुस्साहस करना; छल–कपट करना; अपवित्र रहना और निर्दयता; स्त्रियों के स्वाभाविक दोष हैं, किन्तु आजकल तो पुरुष भी इन दोषों में स्त्रियों से टक्कर ले रहें हैं और यह कहना कठिन हो गया है कि आगे कौन है? क्योंकि कुछ अपवादों को छोड़कर शेष सारे स्त्री–पुरुष इसी तरह के बन गये हैं, जिसे चाणक्य ने अपने युग में अधिकांश स्त्रियों में पाया था।

अनृतं साहसं माया मूर्खत्वं अतिलुब्धता।
अशौचत्वं निर्दयत्वं स्त्रीणां दोषा स्वभावजा ।

छल करना नारी का सहज गुण है। किसी को छल करना सीखना हो, तब वह नारी से सीखे : ***स्त्रीभ्यः शिक्षेत् कैतवम्***। स्त्रियों में सर्वाधिक चालाक उन्होंने मालिन को माना है : ***स्त्रीणां धूर्त्ता च मालिनी***।

जिनपर विश्वास नहीं करना चाहिए। ऐसों की सूची देते समय चाणक्य ने नारी को भी उसी में समेटा है कि बड़े–बड़े नाखून वाले प्राणियों का; नदियों का; सींग वाले जानवरों का; शस्त्रधारी व्यक्तियों का; राजघराने से सम्बन्धित लोगों का और नारी का विश्वास नहीं करना चाहिए :

नखीनां च नदीनां व श्रृंगीणां शस्त्रपाणिनाम्।
विश्वासो नैव कर्तव्यः स्त्रीषु राजकुलेषु च।

ये तो नारी के नैसर्गिक गुण है, जिन्हें हम अवगुण मानते हैं। बहुत दृढ़ निश्चयवाली अथवा अच्छे संस्कारों से युक्त नारी ही इनसे अपने को मुक्त कर सकती है वरना नारी में ईर्ष्या और वैर होना ही है। यह द्वेष भाव पुरुषों से हो या गैरों से हो, ऐसा नही है। यह अपनों से ही ज्यादा होता है और स्त्रियों से ही सर्वाधिक। कोई भी स्त्री न किसी अन्य स्त्री की प्रशंसा सुन–सह सकती है और न अपने नैहर (मायके) की शिकायत। नारी ही नारी की शत्रु है। बूढ़ी औरत युवा को नहीं सह पाती, न युवा ही वृद्धा को सह पाती है। वेश्याएँ कुलीन स्त्रियों को नहीं बर्दाश्त करतीं और कुलीन स्त्रियाँ वेश्याओं

को न देखना पसन्द करती हैं, न उनकी चर्चा सुनना चाहती हैं। उसी तरह विधवाएँ सुहागिनों से बैर रखती हैं और सुहागिनें विधवाओं को अपशकुन मानती हैं :

मूर्खाणां पण्डिता द्वेष्या अध्नानां महाधनाः।
वरांगना कुल स्त्रीणां सुभगानां च दुर्भगा।

अधिकांश स्त्रियों का जीवन भोग–विलास तक सीमित रह जाता है यानी भोजन, श्रृंगार और शारीरिक आनन्द। उनमें से अधिकांश स्वच्छन्द शारीरिक सम्बन्धों की ओर उन्मुख हो जाती हैं। यह अनियन्त्रित स्त्रियों का सहज स्वभाव है। ऐसा ही प्राचीन काल से होता आया है, आधुनिकता से इसका कोई सम्बन्ध नहीं है। यह तरुणी का अवगुण नहीं है कि वह वृद्ध पुरुष के लिए विष के समान है : ***वृद्धस्य तरुणी विषम्***। यह वृद्ध की कमजोरी है और जो वृद्ध युवा स्त्री से विवाह करता है, उसकी मूर्खता है। किन्तु जो व्यभिचारिणी स्त्रियाँ हैं, उनके पालन–पोषण को भी चाणक्य ने गलत बताया है :

मूर्खशिष्य उपदेशेन दुष्टस्त्री भरणेन च।
दुखिते सम्प्रयोगेन पण्डितो अपि अवसीदति।

दुष्ट स्वभाव वाली स्त्री; कठोर वचन बोलने वाली; दुराचारिणी स्त्री तथा दुष्ट स्वभाव वाला मित्र तथा सामने मुँहफट नौकर और ऐसे घर में निवास जहाँ साँपों का वास हो; ये सारी बातें मृत्यु के समान हैं :

दुष्ट भार्या शठं मित्रं भृत्यः च-उत्तरदायकः।
ससर्पे च गृहे वासो मृत्युः-एव न संशयः।

इसलिए राजा, अग्नि, जल, गुरु और स्त्री के न ज्यादा निकट होना चाहिए न ज़्यादा दूर। इनका सेवन मध्य भाग से यानी मध्यम मार्ग अपनाकर करना चाहिए :

अत्यासन्ना विनाशाय दूरस्था न फलप्रदा।
संवित्यं मध्यभागेन राजा-वह्नि-गुरुः स्त्रियः।

क्रोधमुखी च भार्या, क्रोध करने वाली पत्नी निकृष्ट होती है। ऐसी पत्नी और स्नेहहीन बन्धु का त्याग कर देना चाहिए : ***त्यजेत क्रोधमुखीभार्या निःस्नेहान बान्धवा त्यजेत***। दुष्ट पत्नी के बजाय पत्नी का न होना श्रेयस्कर है : ***वरं न दारा न कुदारदारा***। दुष्ट स्त्रियों के होने पर घर में शान्ति नहीं रह सकती ***कुदार-दारेः-च कुतो गृहे रतिः***। व्यभिचारिणी पत्नी ही नहीं, व्यभिचारिणी माता भी शत्रु होती है : ***जार स्त्रीणां पति शत्रु***। कर्ज खाने वाला पिता और व्यभिचारिणी माता दोनों ही शत्रु होते हैं! साथ ही सुन्दर पत्नी और मूर्ख पुत्र शत्रु होते हैं :

ऋणकर्ता पिता शत्रुः माता च व्यभिचारिणी।
भार्या रूपवती शत्रुः पुत्रः शत्रु अपण्डिता।

चरित्रहीन स्त्रियाँ सम्मान नहीं पातीं : ***सभामध्ये न शोभन्ते जार-गर्भाइव स्त्रियः***।

इस तरह चाणक्य ने वह सब कह दिया है, जो नारी के बारे में जिज्ञासा रखने वाले जानना चाहते हैं। चाणक्य के ये विचार हर स्थान और हर काल के लिए सही हैं, क्योंकि उन्होंने अपनी उक्तियों में नारी सम्बन्धी सारी भारतीय मान्यताओं को सम्मिलित कर लिया है और सभी शास्त्र–सम्मत विचार हैं। वे शास्त्रों के विरोध में नहीं गये हैं।

नारी धुरी भी, व्याप्ति भी

यह एक सामान्य–सा किन्तु अति आवश्यक प्रश्न है कि चाणक्य ने नारी पर इतना चिन्तन क्यों किया? और यह भी कि इसे लिखकर सन्तति के सुपुर्द क्यों किया? एक दूर का प्रश्न भी है कि विष–कन्याओं के सम्बन्ध में मौन क्यों साध लिया? तब जब यह सर्वविदित है कि चन्द्रगुप्त पर विष–कन्याओं और विष के प्रभाव को बेकार करने के लिए चन्द्रगुप्त को ही जहर देना आरम्भ किया और विषों की तरफ से निश्चिन्त हो गये। उन्होंने स्वयं विष–कन्याओं को तैयार किया और उनका दुश्मनों के विरुद्ध उपयोग भी किया। ऐसा शायद इसलिए कि जितना स्त्रियों के सम्बन्ध में उन्होंने कहा है, उससे विष–कन्याओं की बात छोटी पड़ जाती है।

सब लिखकर सन्तति को सौंपने का कारण तो सबको सावधान करना था, ताकि वे नियन्त्रित रहें, नियन्त्रण में और सुरक्षित जीवन व्यतीत करें। किन्तु आज का मानव : बाल, वृद्ध, युवा, युवती, वृद्धा कोई भी न सावधान है और न सुरक्षित है। स्त्री–पुरुष का आक्रमण और प्रत्याक्रमण जितना 20वीं शताब्दी में हुआ है, उतना शायद शेष उन्नीस शताब्दियों का जोड़ देने पर भी नहीं हुआ होगा; न कलह, न विलगाव, न हत्या। सभी एक भय में जी रहे हैं। जीना शायद सही शब्द नहीं है। कहा जाना चाहिए कि सभी अपने कुलीन और अकुलीन वर्ष काट रहे हैं।

तब बात रह जाती है कि नारी पर इतना चिन्तन क्यों?

चिन्तन बहुत किया होगा, किन्तु लिखा उसका सहस्रांश भी नहीं। उन्होंने सूत्रों में लिखा है और श्लोकों में लिखा है; परिणामस्वरूप छोटी–सी दिखने वाली उक्तियाँ अर्थ से लदी हुई हैं। जिस सन्दर्भ में ये उल्लेख हुए हैं, उन सन्दर्भों के कारण भी इसे व्यापकता मिल जाती है और अर्थ को गहराई।

जो भी लिखा है, उसी से यह स्पष्ट हो जाता है कि चाणक्य ने नारी को जीवन का सबसे महत्त्वपूर्ण हिस्सा माना। मानना ही था, क्योंकि सत्य समक्ष है कि जीवन है, जीवन की अनवरतता बची हुई, तब सिर्फ इसलिए कि अन्य में मादा और मानव में नारी ही जन्म देती है। चाणक्य जैसे चिन्तक से यह बात छिपी नहीं रह सकती थी कि नारी सबके जीवन की धुरी है और नारी ही शक्ति है, शक्ति–दात्री है और शक्ति हरनेवाली भी। नारी जीवन–वृत्त के केन्द्र में है और सम्पूर्ण जीवन पर व्याप्त है। जीवन के लिए वही अति–आवश्यक है। मृत्यु के हजारों कारण हैं, जीवन का बस एक नारी : जीवन धारण करने वाली और जन्म देने वाली।

उसको बचपन नहीं मिलता, जिसकी माँ नहीं होती और उसका बुढ़ापा कष्टप्रद होता है, जिसे पत्नी नहीं होती। जवानी में तो सभी को उसी की आवश्यकता पड़ती है और इतनी पड़ती है कि चाणक्य घोषणा कर देते हैं, कि उसका जीवन व्यर्थ है, जिसने नारी के जाँघों का आलिंगन नहीं किया।

ऊपर वर्णित कारणों को तब पूर्णता मिल जाती है, जब उसमें यह भी जुट जाता है कि नारी किसी के जीवन को बना सकती है और किसी को भी आसानी से विनष्ट कर सकती है। नारी जीवन की ही नहीं सुख की भी आरम्भिक बिन्दु है; स्वास्थ्य के लिए उत्तरदायी गृहिणी है और इसलिए औषधि है। अगर उसकी भंगिमा बदल जाये, तब मृत्यु का कारण भी है। चाणक्य की नारी–चेतना चाणक्य की नहीं, नारी की महत्ता स्थापित करती है।

दूसरा खण्ड

स्व, समय, साधन सुव्यस्थित

सम्पूर्ण चाणक्य-सूत्र

1

चाणक्य-सूत्र

1. *सुखस्य मूलं धर्मः।*
   सुख का आधार धर्म है।
2. *धर्मस्य मूलं अर्थः।*
   धर्म का आधार अर्थ है।
3. *अर्थस्य मूलं राज्यम्।*
   अर्थ का आधार शासन है।
4. *राज्यमूलं इन्द्रिय-जयः।*
   शासन का आधार इन्द्रियों पर नियन्त्रण है।
5. *प्रकृति सम्पदा ह्यनायकं-अपि।*
   प्राकृतिक सम्पदा के होने पर नेतृत्वविहीन राज्य भी संचालित होता रहता है।
6. *विनयस्य मूलं वृद्धोपसेवा।*
   वृद्धों की सेवा ही विनय का आधार है।
7. *वृद्धसेवाया विज्ञानम्।*
   वृद्ध की सेवा से ज्ञान प्राप्त होता है।
8. *विज्ञानेन आत्मनं सम्पादयेत्।*
   ज्ञान से आत्मा का परिष्कार होता है।
9. *सम्पादितआत्मा जितात्मा भवति।*
   सुसंस्कृत आत्मा आत्मविजयी होती है।
10. *जितात्मा सर्वार्थैः संयुज्येत्।*
    आत्मजयी सभी प्रकार की सम्पति एकत्र करने में सफल होता है।
11. *अर्थसम्पत् प्रकृतिसम्पदं करोति।*
    अन्य सम्पदा से प्राकृतिक सम्पदा एकत्र की जाती है।
12. *इन्द्रियजयस्य मूलं विनयः।*
    विनय इन्द्रियों पर विजय का मूल मन्त्र है।
13. *प्रकृति कोपः सर्वकोपेभ्यो गरीयान्।*
    प्राकृतिक प्रकोप सभी कोपों से भयानक होता है।

14. *अविनीतस्वामि लाभाद अस्वामि लाभः श्रेयान्।*
अविनीत अथवा क्रूर स्वामी से श्रेयस्कर है बिना स्वामी का जीवन।

15. *सम्पाद्यसत आत्मानं अन्विच्छेत् सहायवान।*
स्वयं सुसंस्कृत और योग्य बनकर योग्य सहायकों के साथ कार्य करना चाहिए।

16. *ना सहायस्य मन्त्रनिश्चयः।*
योग्य सहायकों के बिना कोई निर्णय करना कठिन होता है। अयोग्य सहायक लिये गये निर्णय का क्रियान्वयन नहीं कर सकते।

17. *न एकं चक्रं परिभ्रमयति।*
एक अकेला पहिया नहीं चला करता।

18. *सहायः सम-दुःख सुखः।*
सुख और दुःख में समान रूप से सहाय, सहायक या सम्मिलित होना चाहिए।

19. *मानी प्रतिमानिन आत्मानि द्वितीयं मन्त्रं उत्पादयेत्।*
स्वाभिमानी व्यक्ति को चाहिए कि प्रतिकूल विचार सामने रखकर उस पर पुनः विचार करे।

20. *अविनीतं स्नेहमात्रेण न मन्त्रे कुर्वीत।*
स्नेही होने के बाद भी किसी अविनीत व्यक्ति को अपनी मन्त्रणा में नहीं रखना चाहिए।

21. *श्रुतवन्तं उपधा शुद्धं मन्त्रिणं कुर्वीत्।*
छल–कपट से रहित, शुद्ध मन वाले किसी ज्ञानी व्यक्ति से ही राय–विचार करें।

22. *मन्त्रमूलाः सर्वारम्भाः।*
विचार–विमर्श के पश्चात् ही किसी भी कार्य को आरम्भ करना चाहिए।

23. *मन्त्ररक्षणे कार्य सिद्धिः भवति।*
विचारों को, निश्चय को गुप्त रखने से ही कार्यों में सफलता मिलती है।

24. *मन्त्रविस्रावी कार्यं नाशयति।*
विचार या निश्चय के खुल जाने पर कार्य में कठिनाइयाँ आ जाती हैं।

25. *प्रमादाद् द्विषतां वशं उपास्यति।*
आलस्य या लापरवाही से भेद भी खुलता है और कठिनाइयाँ भी बढ़ती हैं।

26. *सर्वद्वारेभ्यो मन्त्रो रक्षितव्यः।*
भेद खुलने के सभी मार्गों से निश्चय की रक्षा करनी चाहिए।

27. *मन्त्रसम्पदा ही राज्यं वर्धते।*
विचार और निश्चय से चहुँमुखी विकास होता है।

28. *श्रेष्ठतमां मन्त्रगुप्तिमाहुः।*
मन्त्रणा की गोपनीयता को सर्वश्रेष्ठ माना जाता है।

29. *कार्य-अन्धस्य प्रदीपो मन्त्रः।*

अन्धकार में छिपे कार्य के लिए श्रेष्ठ मन्त्रणा दीपक के समान है।

30. *मन्त्रकाले न मत्सरः कर्तव्यः।*

मन्त्रणा के समय ईर्ष्या नहीं करनी चाहिए।

31. *मन्त्रचक्षुषा परिच्छिद्राण्यवलोकयन्ति।*

मन्त्रणा रूपी आँखों से शत्रु की कमजोरियों को आँका जा सकता है।

32. *त्रयाणांमेकवाक्ये सम्प्रत्ययः।*

तीन मन्त्रणा करने वाले का एकमत होना सर्वश्रेष्ठ है।

33. *कार्य अकार्य तत्त्वार्थदर्शिनोमन्त्रिणाः।*

करणीय और अकरणीय कार्य के तत्त्वदर्शी को ही मन्त्री होना चाहिए।

34. *षट्-कर्णाद् भिद्यते मन्त्रः।*

छः कानों में पड़ने से गुप्त मन्त्रणा का भेद खुल जाया करता है।

35. *मित्र-संग्रहणे बलं सम्पद्यते।*

मित्रों की अधिकता से बल प्राप्त होता है।

36. *अलब्ध-लाभ-आदि चतुष्टयं राजतन्त्रम्।*

अप्राप्त लाभ आदि राजतन्त्र के चार आधार हैं।

37. *अलब्धलाभो न आलस्य।*

अप्राप्त लाभ को आलस्य से नहीं पाया जा सकता।

38. *आलस्य लब्धअपि रक्षितुं न शक्यते।*

आलस्य से पाये हुए की भी रक्षा नहीं की जा सकती।

39. *न च आलसस्य रक्षितुं विवर्धते।*

आलसी द्वारा रक्षित वस्तु बढ़ती नहीं है।

40. *न भृत्यान् प्रेषयति।*

आलसी की प्रशंसा उसके नौकर भी नहीं करते।

41. *बलवान लब्धलाभे प्रयतते।*

बलवान लाभ को प्राप्त करने की चेष्टा करता है।

42. *राज्य-तन्त्रायत्तं नीतिशास्त्रम्।*

राजतन्त्र का आधार नीतिशास्त्र हैं।

43. *राजतन्त्र एष्वायतौ तन्त्रावापौ।*

घरेलू और बाह्य दोनों तरह के कर्तव्यों को राजतन्त्र का अंग कहा जाता है।

44. *तन्त्रं स्वविषय कृत्य एष्वायत्तम्।*

राज्य तन्त्र का सम्बन्ध केवल अपने राज्य को समृद्ध करने से होता है।

45. *हीयमान सन्धिं कुर्वीत।*

कमजोर राजा को सन्धि कर लेनी चाहिए।

46. *सन्धिविग्रह योनिः मण्डलः।*
पड़ोसी राज्य से सम्बन्ध आदि का निर्णय करने वाला मन्त्रिमण्डल होता है।

47. *नीतिशास्त्रानुगो राजा।*
राजा को नीतिशास्त्र के अनुसार चलना चाहिए।

48. *अनन्तर प्रकृतिः शत्रुः।*
निकट के राज्य स्वाभाविक रूप से शत्रु हो जाते हैं।

49. *एकान्तरितं मित्रं इष्यते।*
एक ही देश के दो शत्रु परस्पर मित्र होते हैं।

50. *हेतुतः शत्रु मित्रे भविष्यतः।*
किसी विशेष उद्देश्य से ही शत्रु मित्र बनता है।

51. *आवापो मण्डल निविष्टः।*
दूसरे राज्यों से सम्बन्ध, नीति आदि का कार्य मन्त्रिमण्डल का है।

52. *हीयाने न सन्धि कुर्वीत।*
दुर्बल के साथ सन्धि न करें।

53. *नातप्त-लोहो लोहेन सन्धीयते।*
ठण्डा लोहा लोहे से नहीं जुड़ता है।

54. *तेजो हि सन्धान-हेतुः-तदर्थानाम्।*
सन्धि करने वालों में तेज ही सन्धि का कारण होता है।

55. *अरिप्रयत्नं अभि समीक्षयेत्।*
शत्रु के प्रयत्नों की समीक्षा होनी चाहिए।

56. *न ज्यायसा समेन वा।*
ज्यादा बलवाले या समान बलवाले से शत्रुता न करें।

57. *गजपादयुद्धं इव बलबद्विग्रहः।*
बलवान से युद्ध करना पैदल सेना का गजसैन्य से लड़ने के समान है।

58. *आमपात्रं आमेन सह विनश्यति।*
कच्चा पात्र कच्चे पात्र से टकराने पर भी टूट जाता है।

59. *बलवान हीनेन विग्रहणीयात्।*
बलवान शत्रु को कमजोर समझकर ही आक्रमण करें।

60. *सन्धि ऐकतो वा।*
सन्धि और एकता होने पर भी सतर्क रहें।

61. *अमित्र विरोध आत्मरक्षां अवसेत्।*
शत्रुओं और विरोधियों से अपनी रक्षा करें।

62. *शक्तिहीनो बलवन्ते आश्रयेत्।*
शक्तिहीन को बलवान का आश्रय लेना चाहिए।

63. *दुर्बल आश्रयो दुःखं-आवहति।*
दुर्बल का आश्रय दुःख को निमन्त्रण है।

64. *अग्निवद्रा ज्ञानं आश्रयेत्।*
अग्नि के समान तेजस्वी जानकर ही किसी का आश्रय लें।

65. *राज्ञः प्रतिकूलं न आचरेत्।*
राजा के प्रतिकूल आचरण नहीं करना चाहिए।

66. *उद्धतवेषधरो न भवेत्।*
उत्तेजक या ऊटपटांग वेष धारण नही करना चाहिए।

67. *न देवचरितं चरेत्।*
देवता के चरित्र का अनुकरण नहीं करना चाहिए।

68. *द्वयोः अपि ईर्ष्यतोः द्वैधीभावं कुर्वीत।*
ईर्ष्या करने वाले दो समान लोगों में विरोध पैदा कर देना चाहिए।

69. *न व्यसनपरस्य कार्य अवाप्तिः।*
व्यसनी व्यक्ति कार्य पूरा नहीं कर पाता।

70. *इन्द्रियवशवर्ती चतुरंग अवानपि विनश्यति।*
हाथी, घोड़े, रथ और पैदल सेना रखने वाला, धनी और शक्तिशाली भी दुर्व्यसन, काम–वासना, जुए और शराब आदि में डूबकर नष्ट हो जाता है।

71. *नास्ति कार्यं द्यूत-प्रवृत्तस्य।*
जुए में लगे व्यक्ति के कार्य पूरे नहीं होते। फलतः उसका विनाश हो जाता है।

72. *मृगयापरस्य धर्माथो विनश्यतः।*
किसी भी तरह के शिकार में लगे व्यक्ति का धर्म और धन दोनो नष्ट हो जाता है।

73. *अर्थेषु पात व्यसनी न गम्यते।*
किसी शराबी का कोई काम पूरा नहीं होता।

74. *न कामासक्तस्य कार्य अनुष्ठानम्।*
कामी पुरुष कोई कार्य नहीं कर सकता।

75. *अग्नि दाहाद अपि विशिष्टं वाक्पारुष्यम्।*
कठोरवाणी अग्नि दाह से भी ज्यादा जलाती है।

76. *दण्डपारुष्यात् सर्वजनद्वेष्यो भवति।*
पूर्वाग्रह से ग्रसित होकर दण्ड देने से बड़ी लोक निन्दा होती है।

77. *अर्थतोषिणं श्रीः परित्यजति।*
लालची का घर लक्ष्मी त्याग देती हैं।

78. *अमित्रो दण्डनीत्यां आयत्तुः।*
शत्रु दण्डनीति के योग्य है।

79. *दण्डनीतिं अधिष्ठन् प्रजाः संरक्षति।*
दण्डनीति के उचित प्रयोग से प्रजा की रक्षा होती है।

80. *दण्डः सम्पदा योजयति।*
दण्ड देने से सम्पति बढ़ती है।

81. *दण्ड अभावे मन्त्रिवर्ग अभावः।*
दण्ड के अभाव में मन्त्रिगण का प्रभाव खत्म हो जाता है।

82. *न दण्डाद अकार्याणि कुर्वन्ति।*
दण्ड के अभाव में लोग अकरणीय कार्य करने लग जाते हैं।

83. *दण्डनीत्य आमायत्तं आत्मरक्षणम्।*
दण्डनीति से आत्मरक्षा होती है।

84. *आत्मनि रक्षिते सर्वं रक्षितं भवति।*
आत्मरक्षा से सबकी रक्षा सम्भव है।

85. *आत्म आयत्तौ वृद्धिविनाशौ।*
आत्म–सम्मान के खत्म होने से विकास बन्द हो जाता है।

86. *दण्डो हि विज्ञाने प्रणीयते।*
दण्ड विवेक सम्मत होना चाहिए।

87. *दुर्बलो अपि राजा न अवमन्तव्यः।*
निर्बल राजा की भी अवहेलना नहीं करनी चाहिए।

88. *नास्त्य अग्ने दौर्बल्य।*
अग्नि में दुर्बलता नहीं होती।

89. *दण्डे प्रतीयते वृतिः।*
दण्डनीति से ही किसी की प्रवृत्ति का पता चलता है।

90. *वृत्ति मूलं अर्थलाभः।*
वृत्ति के मूल में अर्थ का लाभ होता है।

91. *अर्थमूलौ धर्मकामौ।*
धर्म और कार्य अर्थमूलक होते हैं।

92. *अर्थमूलं कार्यम्।*
अर्थ के मूल में कर्म है।

93. *यद् अल्प प्रयत्नात् कार्य सिद्धि भवति।*
धन के साथ कम प्रयत्न में काम पूरे हो जाते हैं।

94. *उपाय पूर्वं न दुष्करं स्यात्।*
उपाय से सभी कार्य पूरे हो जाते हैं, कोई कठिन नहीं रहता।

95. *अनुपाय पूर्वं कार्य कृतं अपि विनश्यति।*
बिना उपाय के बने कार्य भी बिगड़ जाते हैं।

96. *कार्य अर्थिनां उपाय एव सहायः।*
कार्य करने वाले के लिए उपाय ही सहायक होता है।

97. *कार्यं पुरुषकारेण लक्ष्यं सम्पद्यते।*
कार्य का स्वरूप निश्चित हो जाने पर वही लक्ष्य बन जाता है।

98. *पुरुष कारं अनुवर्तते दैवम्।*
भाग्य पुरुषार्थी का अनुगमन करता है।

99. *असमाहितस्य वृत्तिः न विद्यते।*
अस्थिर मन वाले की सोच स्थिर नहीं रहती।

100. *पूर्वं निश्चित्य पश्चात् कार्यं आरम्भयेत्।*
पहले से तय करके तब कार्य आरम्भ करें।

101. *कार्यान्तरे दीर्घसूत्रिता न कर्तव्या।*
कार्य आरम्भ करने के बाद आलस्य या विलम्ब न करें।

102. *न चल चित्तस्य कार्यावाप्तिः।*
चंचल चित्तवाले के कार्य कभी समाप्त नहीं होते।

103. *हस्तगत अवमाननात् कार्यव्यतिक्रमो भवति।*
हाथ में कार्य–कुशलता के नहीं होने से कार्य में व्यवधान उपस्थित होता है।

104. *दैवहीनं कार्यं सुसाध्यं अपि दुःसाध्यं भवति।*
भाग्य के विपरीत होने पर आसान काम भी कठिन हो जाता है।

105. *दुः-अनुबन्धं कार्यं न आरम्भेत्।*
अशुभ और गलत सम्बन्ध वाले कार्य आरम्भ नहीं करना चाहिए।

106. *कालवित् कार्यं साधयेत्।*
निश्चित समय के अनुसार कार्य पूरे करना चाहिए।

107. *काल अतिक्रमात् काल एव फलं पिबति।*
समय के अनुरूप कार्य नहीं करने वाले का कर्मफल समय ही चूस जाता है।

108. *क्षणं प्रति कालविक्षेपं न कुर्यात्।*
कार्य में क्षण भर का भी विलम्ब न करें।

109. *देश फल विभागौ ज्ञात्वा कार्यं आरम्भयेत्।*
देश और फल का विचार करके काम आरम्भ करना चाहिए।

110. *दोष वर्जितानि कार्याणि दुर्लभानि।*
कार्यों का दोषहीन होना दुर्लभ है।

111. *नीतिज्ञो देशकालौ परीक्षेत्।*
जो नीतिज्ञ और बुद्धिमान होते हैं, वे देश और काल की परीक्षा पहले ही कर लेते हैं।

112. *परीक्ष्यकारिणी श्रीः चिरं तिष्ठति।*
परीक्षा करके यानी सोच–विचार कर कार्य करने से लक्ष्मी बहुत दिन स्थिर रहती है।

113. *सर्वाः च सम्पदः सर्व उपायेन परिग्रहेत्।*

सभी प्रकार की सम्पति का सभी उपायों से संग्रह और संचय करना चाहिए।

114. *भाग्यवन्तं अपरीक्ष्यकारिणं श्रीः परित्यजति।*

जो बिना विचारे ही कार्य करता है, लक्ष्मी उसे त्याग देती हैं।

115. *ज्ञानेन अनुमानैः च परीक्षा कर्तव्या।*

ज्ञान, अनुभव और अनुमान के द्वारा विचार स्थिर करना चाहिए।

116. *अज्ञानिना कृतमअपि न बहु मन्तव्यम्।*

अज्ञानियों के कार्य को अधिक महत्त्व नहीं देना चाहिए।

117. *आदृच्छिकत्वात कृमिः-अपि रूपान्तराणि करोति।*

संयोग से तो एक कीड़ा भी स्थिति को बदल देता है।

118. *यो यस्मिन् कर्मणि कुशलस्तं तस्मिन्नेव योजयेत्।*

जो जिस कार्य में कुशल हो, उसे उसी कार्य में लगना या लगाना चाहिए।

119. *सिद्धस्यैव कार्यस्य प्रकाशनं कर्तव्यम्।*

कार्य के पूर्ण हो जाने के बाद ही उसका प्रचार होना चाहिए।

120. *ज्ञानवतां अपि दैवं मानुष दोषत् कार्याणि दुष्यन्ति।*

ज्ञानियों के कार्य भी भाग्य तथा मनुष्यों के दोष से दूषित हो जाते हैं; और अधूरे भी रह जाते हैं।

121. *दैवं शान्ति कर्मणः प्रतिषेद्धव्यम्।*

भाग्य का शमन शान्ति से करना चाहिए।

122. *मानुषीं कार्य विपत्तिं कौशलेन विनिवारयेत्।*

मनुष्यों द्वारा लायी हुई विपत्ति को कुशलता से ठीक करना चाहिए।

123. *कार्यविपत्तौ दोषान् वर्णयन्ति बालिशाः।*

मूर्ख लोग कार्य में कठिनाई उत्पन्न होने पर दोष ही निकाला करते हैं।

124. *कार्यार्थिना दाक्षिण्यं न कर्तव्यम्।*

कार्य की सिद्धि के लिए उदारता नहीं बरतनी चाहिए।

125. *दुग्धार्थी वत्सो मातुः उधः प्रतिहन्ति।*

बछड़ा या बच्चा अपनी माँ के थन पर प्रहार करता है।

126. *अप्रयत्नात् कार्य विपत्तिः भवति।*

प्रयत्न न करने से कार्य में विघ्न पड़ता है।

127. *न दैवप्रमाणानां कार्यसिद्धिः।*

जिन्हें भाग्य पर विश्वास नहीं होता, उनके कार्य पूरे नहीं होते।

128. *कार्यबाह्यो न पोषयत्य आश्रितान्।*

जो अपने कर्तव्य से बचते हैं वे अपने परिजनों का भरण–पोषण नहीं कर पाते।

129\. *य कार्यं न पश्यति स अन्धः।*
जिसे अपना कार्य नहीं दिखता, वह अन्धा होता है।

130\. *प्रत्यक्ष-परोक्ष अनुमानैः कार्याणि परीक्षेत्।*
प्रत्यक्ष और परोक्ष साधनों से अनुमान लगाकर कार्य की परीक्षा करें।

131\. *अपरीक्ष्यकारिणं श्रीः परित्यजति।*
बिना परीक्षण किये कार्य करने वाले को लक्ष्मी त्याग देती है।

132\. *न परीक्ष्य कारिणां कार्य विपत्तिः।*
परीक्षा किये बिना कार्य करने से कार्य विपत्ति में पड़ जाता है।

133\. *परीक्ष्य तार्या विपत्ति।*
विचार करके, परीक्षा करके विपत्ति को दूर करना चाहिए।

134\. *स्व-शक्तिं ज्ञात्वा कार्यं आरम्भेत्।*
अपनी शक्ति का अन्दाजा करके ही कार्य आरम्भ करना चाहिए।

135\. *स्वजनं तर्पयित्वा यः शेषभोजी स अमृतभोजी।*
अपने परिजनों को खिलाकर जो बचे हुए भोजन पर जीता है, वही अमृत पान करता है।

136\. *सर्व-अनुष्ठानद आय मुखानि वर्धन्ते।*
सभी अनुष्ठानों से आय के साधन बढ़ते हैं।

137\. *नास्ति भीरोः कार्यचिन्ता।*
कायर व्यक्ति को कार्य की चिन्ता नहीं होती।

138\. *स्वामीनः शीलं ज्ञात्वा कार्यार्थी कार्य साधयति।*
अपने स्वामी के स्वभाव को जानकर ही कर्मचारी कार्य करता है।

139\. *धेनो शीलज्ञः क्षीरं भुंक्ते।*
गाय के स्वभाव को जाननेवाला ही दूध का उपभोग कर पाता है।

140\. *क्षुद्रे गुह्य प्रकाशनं आत्मवान्न कुर्यात्।*
नीच व्यक्ति के समक्ष अपने हृदय की या रहस्य की बात नहीं करनी चाहिए।

141\. *आश्रितैः अप्य अवमन्यते मृदुस्वभावः।*
कोमल स्वभाववाला व्यक्ति अपने आश्रितों से भी अपमानित होता है।

142\. *तीक्ष्ण दण्डः सर्वै रुद्धे-जनीयो भवति।*
कठोर दण्ड से सभी लोग घृणा करते हैं।

143\. *दण्डकारी स्यात्।*
वही श्रेष्ठ है, जो समुचित दण्ड देता है।

144\. *अल्पसारं श्रुतवन्तं अपि न बहु मन्यते लोकः।*
गम्भीरता से हीन विद्वान् को सम्मान नहीं मिलता।

145. *सारं महाजन-संग्रह पीडयति।*
महाजन द्वारा अधिक अर्थ–संग्रह लोगों को पीड़ा पहुँचाता है।

146. *अतिभारः पुरुषं अवसादयति।*
अधिक बोझवाला व्यक्ति जल्दी थक जाता है।

147. *यः संसदि परदोषं शंसति स स्वदोष बहुत्वं प्रख्यापयति।*
सभा के बीच जो दूसरों के दोष दिखाता है, वह अपने दोष दिखाता है।

148. *आत्मानं एव नाशयति अनात्मवतां कोपः।*
मूर्ख लोगों का क्रोध उन्हीं का विनाश करता है।

149. *नास्त्य अप्राप्यं सत्यवताम्।*
सत्य बोलने वालों के लिए कुछ भी अप्राप्य नहीं है।

150. *साहसेन न कार्यसिद्धिः भवति।*
केवल साहस से कार्य में सफलता नहीं मिलती।

151. *व्यसनार्तो विस्मरत्य अप्रवेशेन।*
व्यसनी व्यक्ति लक्ष्य तक पहुँचने के पहले ही रुक जाता है।

152. *नास्त्य अन्तरायः कालविक्षेपे।*
समय का ध्यान नहीं रखने वाला व्यक्ति अपना जीवन निर्विघ्न नहीं गुजारता।

153. *असंशय विनाशात् संशय विनाशः श्रेयान्।*
बिना सन्देह किये विनाश से अच्छा तो संशय के बाद का विनाश है।

154. *परधनानि निक्षेप्तुः केवलं स्वार्थम्।*
दूसरे के धन का भेद–भाव रखना स्वार्थ है।

155. *दानं धर्मः।*
दान धर्म है।

156. *नार्यागतो अर्थवद् विपरीतो अनर्थ भावः।*
अज्ञानियों द्वारा प्रचारित बात पर चलने से अनर्थ हो जाता है।

157. *न्याय आगतो अर्थ।*
न्याय से पाया हुआ ही धन है।

158. *तद विपरीता अर्थ आभासः।*
न्याय के विपरीत कार्यों से प्राप्त धन का केवल आभास होता है।

159. *यो धर्म अर्थौ न विवर्धयति स कामः।*
जो धन और अर्थ की वृद्धि नहीं करता वह कामी है।

160. *तद्-विपरी तो अनर्थ सेवी।*
धर्म और अर्थ के संचय के विपरीत जानेवाला अनर्थ करता है।

161. *ऋजुस्वभावो जनेषु दुर्लभः।*
शान्त, सन्तुलित स्वभाव के व्यक्ति बहुत दुर्लभ हैं।

162. *अवमानेन आगत-ऐश्वर्यं अवमन्यते साधुः।*

साधु और अच्छे लोग निकृष्ट उपायों से प्राप्त धन की अवहेलना कर देते हैं।

163. *बहूनपि गुणान एको दोषो ग्रसति।*

बहुत से गुणों को भी एक दोष समाप्त कर देता है।

164. *महात्मना परेण साहसं न कर्तव्यम्।*

दूसरों की शक्ति पर कुछ करने का साहस नहीं करना चाहिए।

165. *कदाचित् अपि चरित्रं न लंघयेत्।*

चारित्रिक सद्गुणों को नहीं त्यागना चाहिए।

166. *क्षुधार्तो न तृणं चरति सिंह।*

भूख लगने पर भी शेर घास नहीं खाता।

167. *प्राणात् अपि प्रत्ययो रक्षितव्यः।*

प्राण से भी अधिक विश्वास की रक्षा करनी चाहिए।

168. *पिशुनः श्रोता पुत्र दारा अपि त्यज्यते।*

चुगली सुनने वाले के पुत्र और पत्नी उसे त्याग देते हैं।

169. *बालात् अप्यर्थ जाते श्रृणुयात्।*

बच्चों की सार्थक बातें ग्रहण करनी चाहिए।

170. *सत्यं अप्य अश्रद्धेयं न वदेत्।*

सत्य भी अगर अनुचित है, तब उसे नहीं कहना चाहिए।

171. *न अल्प दोषाद् बहुगुणाः त्यज्यन्ते।*

साधारण और कम दोषों के कारण अधिक या अच्छे गुणों का त्याग नहीं करना चाहिए।

172. *विपश्चितः अपि सुलभा दोषाः।*

ज्ञानियों में भी दोष हो सकते हैं।

173. *नास्ति रत्नं खण्डितं।*

खण्डित होकर भी रत्न रत्न ही रहता है अतएव खण्डित रत्न नहीं होता।

174. *मर्यादातीतं न कदाचित अपि विश्वसेत्।*

मर्यादाओं का उल्लंघन करने वाले का कभी विश्वास नहीं करना चाहिए।

175. *अप्रिये कृतं प्रियंअपि द्वेष्यं भवति।*

शत्रु के द्वारा किये गये प्रिय कार्य को भी दोषयुक्त समझना चाहिए।

176. *न मन्त्स अपि तुलाकोटिः कूपोदकक्षयं करोति।*

ढेकुली सिर नीचा करके ही कुएँ से जल निकालती है। लोग मधुर बचन बोलकर ही दूसरों को ठगते हैं।

177. *सतां मतं न अतिक्रमेत्।*

सज्जन की या सैकड़ों की बात का उल्लंघन न करें।

178. *गुणवद आश्रया निर्गुणो अपि गुणी भवति।*
गुणी व्यक्ति का आश्रय पाकर गुणहीन भी गुणी हो जाते हैं।

179. *क्षीर आश्रितं जलं क्षीरं एव भवति।*
दूध में मिला जल भी दूध बन जाता है।

180. *मृत् पिण्ड अपि पाटलि-गन्धं उत्पादयति।*
मिट्टी का ढेला भी फूलों का सुगन्ध बिखेर देता है।

181. *रजतं कनकसंगात् कनकं भवति।*
चाँदी सोने के साथ सोना हो जाती है।

182. *उपकर्तः अपकर्तुं इच्छत्य अबधुः।*
मूर्ख व्यक्ति उपकार करने वाले का अपकार ही करता है।

183. *तद्-विपरीतो बुधः।*
ज्ञानी उसके विपरीत अपकार करने वाले का भी उपकार करता है।

184. *मत्स्य अर्थिवज् जलं उपउत्यार्थं गृहणीयात्।*
मछेरा जल में प्रवेश करके ही कुछ पाता है।

185. *उत्साहवतां शत्रवअपि वशीभवन्ति।*
शत्रु भी उत्साही व्यक्ति के वश में हो जाता है।

186. *विक्रमधना राजानः।*
अपने बल–विक्रम से ही राजा धन एकत्रित करता है।

187. *न अस्त्य अलसस्य ऐहिकाम उष्मिकम्।*
आलसी का न वर्तमान होता है, न भविष्य।

188. *निरुत्साहाद एव पतति।*
उत्साहहीन व्यक्ति का पतन निश्चित है।

189. *न पापकर्मणां आक्रोश भयम्।*
पापकर्म करने वाले को क्रोध और भय की चिन्ता नहीं रहती।

190. *अविश्वस्तेषु विश्वासो न कर्तव्यः।*
अविश्वसनीय लोगों पर कभी भी विश्वास नहीं करना चाहिए।

191. *विषं विषं एव सर्वकालम्।*
प्रत्येक स्थिति में विष विष ही रहता है।

192. *अर्थ समादाने वैरिणां संग एव न कर्तव्यः।*
कार्य करते समय शत्रु का साथ नहीं करना चाहिए।

193. *आर्य अर्थं एव नीचस्य संसर्गः।*
अच्छे लोगों की भलाई के लिए ही नीच का साथ करना चाहिए।

194. *अर्थसिद्धौ वैरिणं न विश्वसेत्।*
किसी उद्देश्य की प्राप्ति के लिए किसी शत्रु पर विश्वास न करें।

195. *अर्थाधीन एव नियत सम्बन्धः।*
सम्बन्धों का आधार विशेष उद्देश्य की पूर्ति होता है।

196. *शत्रोः अपि सुतः सखा रक्षितव्यः।*
शत्रु के भी पुत्र और मित्र की रक्षा करनी चाहिए।

197. *यावच्छत्रोः छिद्रं पश्यति तावत अस्तेन वा स्कन्धेन वा वाह्यः।*
शत्रु की दुर्बलता जानने तक उसे मित्र बनाये रखिए।

198. *शत्रुं छिद्रे प्रहरेत्।*
शत्रु की दुर्बलता पर ही प्रहार करना चाहिए।

199. *आत्म छिद्रं न प्रकाशयेत्।*
अपनी दुर्बलता प्रकट नहीं करनी चाहिए।

200. *छिद्र प्रहारिणः शत्रवः।*
दुर्बलता पर प्रहार करने वाला शत्रु होता है।

201. *हस्तगतं अपि शत्रुं न विश्वसेत्।*
हाथ में आये शत्रु पर भी विश्वास न करें।

202. *स्वजनस्य दुवृत्तं निवारयेत्।*
स्वजनों की गन्दी आदतों को छुड़ा देना चाहिए।

203. *स्वजन आवमानो अपि मनस्विनां दुःखं आवहति।*
स्वजनों के अपमान से मनस्वी भी दुःखी हो जाते हैं।

204. *एकांग दोषः पुरुषं अवसादयति।*
एक अंग का दोष भी पुरुष को दुःखी करता है।

205. *शत्रुं जयति सुवृत्तता।*
सदाचार से शत्रु पर विजय पाया जाता है।

206. *विकृति प्रिया नीचाः।*
विकृति पसन्द करने वाले लोग नीच होते हैं।

207. *नीचस्य मतिः न दातव्या।*
नीच व्यक्ति को उपदेश न दें।

208. *तेषु विश्वासो न कर्तव्यः।*
नीच लोगों पर विश्वास नहीं करना चाहिए।

209. *सुपूजितो अपि दुर्जनः पीडयत्य एव।*
पूजे जाने पर भी दुर्जन पीड़ा पहुँचाता है।

210. *चन्दनादीन अपि दावाग्निः दहत्येव*।

वन की आग चन्दन की लकड़ी को भी जला देती है।

211. *शिरसि प्रस्थाप्यं आनो-अपि वह्निः दहत्येव*।

आग सिर पर चढ़ाने पर भी जलाती है।

212. *कद अपि पुरुषं न अवमान्सते*।

कभी भी पुरुषार्थी का अपमान नहीं करना चाहिए।

213. *क्षन्तव्यं इति पुरुषं न बाधेत्*।

क्षमाशील पुरुष को कभी भी दुःखी न करें।

214. *क्षमन्त इति पुरुषं न बाधेत्*।

क्षमा करने योग्य पुरुष को भी दुःखी न करें।

215. *भत्राधिकं रहस्य उक्तं वक्तुं इच्छन्त्य अबुद्धयः*।

स्वामी द्वारा एकान्त में कहे गये रहस्य को मूर्ख व्यक्ति प्रकट कर देते हैं।

216. *अनुरागः तु फलेन सूच्यते*।

प्रेम का फल परिणाम से ज्ञात होता है।

217. *ज्ञान फलं ऐश्वर्यम्।*

ज्ञान का प्रतिफल ऐश्वर्य है।

218. *दातव्यं अपि बालिशः क्लेशेन परिदास्यति*।

मूर्ख व्यक्ति दान देने में दुःखी हो जाता है।

219. *महद् ऐश्वर्यं प्राप्य आप्य अधृतिमान् विनश्यति*।

विशाल ऐश्वर्य पाने के बाद भी मूर्ख व्यक्ति नष्ट हो जाता है।

220. *धृतया जयति रोगान्*।

धैर्य से रोगों को भी जीता जाता है।

221. *न अस्त्य धृते ऐहिकं उष्मिकम्*।

जिसके पास धैर्य नहीं है, उसका न वर्तमान है और न भविष्य।

222. *गुणवान अपि क्षुद्रपक्षः त्यज्यते*।

गुणवान भी छुद्रों के पक्ष को त्याग देता है या छुद्रता को त्याग देता है।

223. *जीर्ण शरीरे वर्धमानं व्याधि न उपेक्षयेत्*।

कमजोर शरीर में बढ़ने वाले रोग की उपेक्षा न करें।

224. *शौण्ड हस्तगत पयो अपि अवमन्येत्*।

शराबी के हाथ में दूध हो, तब भी शराब ही समझा जाता है।

225. *कार्यसंकटेष्वर्थ व्यवसायिनी बुद्धिः*।

संकट में बुद्धि ही काम आती है।

226. *मितभोजनं स्वास्थ्यम्।*

कम भोजन करना ही स्वस्थ रखता है।

227. *पथ्य अपथ्य अजीर्णे नाश्नीयात्।*

नहीं खाने योग्य जिसे खाने से बदहजमी हो जाये, ऐसा भोजन कभी नहीं करना चाहिए।

228. *भक्ष्यं अप्य पथ्यं नाश्नीयात्।*

खाने योग्य जिसे खाने से बदहजमी हो जाये, ऐसा भोजन कभी नहीं खाना चाहिए।

229. *न दुर्जनैः सह संसर्गः कर्तव्यः।*

दुष्ट के साथ नहीं रहना चाहिए।

230. *अजीर्णे भोजनं दुःखम्।*

बदहजमी में भोजन करना पीड़ादायक होता है।

231. *शत्रोः अपि विशिष्यते व्याधिः।*

रोग शत्रु से भी बड़ा होता है।

232. *छानंनिधानं अनुगामी।*

क्षमता के अनुरूप ही दान किया जाता है।

233. *पटुतरे तृष्णापरे सुलभं अति सन्धानम्।*

चालाक और लोभी यूँ ही घनिष्टता बढ़ाते हैं।

234. *तृष्णया मतिः छाद्यते।*

लोभ बुद्धि पर छा जाता है।

235. *कार्य बहुत्वे बहुफलं आयतिकं कुर्यात्।*

अनेक कार्य होने पर पहले वह करें जिसमें ज्यादा लाभ होना हो।

236. *स्वयं एव आवश्कन्नं कार्यं निरीक्षेत्।*

अपने या दूसरे के बिगड़े कार्यों का निरीक्षण स्वयं करना चाहिए।

237. *मूर्खेषु साहसं नियतम्।*

मूर्खों में साहस होता ही है।

238. *मूर्खेषु विवादं न कर्तव्यम्।*

मूर्खों से विवाद न करें।

239. *आयसैः आयसं छेद्यम्।*

लोहे को लोहे से ही काटना चाहिए।

240. *नास्य अधमितः सखा।*

मूर्ख का कोई मित्र नहीं होता।

241. *नास्ति धर्मसमः सखा।*
धर्म के समान कोई मित्र नहीं है।

242. *धर्मेण धार्यते लोकः।*
धर्म ही लोक को धारण करता है। धर्म से ही लोक को धारण करना चाहिए।

243. *प्रेतं अपि धर्म-अधर्म अवनुगच्छतः।*
प्रेत भी धर्म–अधर्म का पालन करते हैं।

244. *धर्मेण जयति लोकाः।*
धर्म से ही लोक में विजय होती है।

245. *मृत्युः अपि धर्मिष्ठं रक्षति।*
धर्म पर चलने वाले की रक्षा मृत्यु भी करती है।

246. *धर्माद विपरीतं पापं यत्र प्रसज्यते तत्र धर्म अवमतिः भवति।*
जहाँ पाप होता है, वहाँ धर्म का अपमान होता है।

247. *लोके प्रशस्तः स मतिमान्।*
लोक–व्यवहार में कुशल व्यक्ति ही मतिमान है।

248. *सज्जन गर्हितं न प्रसज्येत्।*
सज्जन को गलत आचरण नहीं करना चाहिए।

249. *उपस्थि विनाशानां प्रकृत्य अकारेण लक्ष्यते।*
विनाश का उपस्थित होना सहज प्रकृति से ही जाना जा सकता है।

250. *आत्म विनाशं सूचयत्य अधर्म बुद्धिः।*
अधर्म–बुद्धि से आत्म–विनाश की सूचना मिल जाती है।

251. *पिशुनवादिनो न रहस्यम्।*
चुगलखोर के सम्मुख कभी भीतरी रहस्य न खोलें।

252. *वल्लभस्य कारकत्वं अधर्मयुक्तम्।*
सेवकों का कठोर होना अधर्म माना जाता है।

253. *पर-रहस्यं न श्रोतव्यम्।*
दूसरों के रहस्य को नहीं सुनना चाहिए।

254. *स्वजनेः अवतिक्रमो न कर्तव्यः।*
स्वजनों की सीमा का अतिक्रमण न करें।

255. *माता-अपि दुष्टा त्याज्या।*
माता भी अगर दुष्टा हो तब उसका त्याग कर देना चाहिए।

256. *स्व हस्तो अपि विष दिग्धः छेद्यः।*
यदि अपने हाथ में भी विष फैल रहा हो तब उसे काट देना चाहिए।

257. *परो अपि च हितो बन्धुः।*

पराया व्यक्ति अगर हितैषी है, तब वह भाई है।

258. *प्रतिकारेष्व अनादरो न कर्तव्यः।*

उदासीन होकर शत्रु की उपेक्षा न करें।

259. *व्यसनं मनाग अपि बाधते।*

थोड़ा व्यसन भी दुःख देनेवाला होता है।

260. *अमर अवदर्थ जातं अर्जयेत्।*

अपने को अमर मानकर धन का संग्रह करें।

261. *अर्थवान सर्वलोकस्य बहुमतः।*

सभी जगह धनवान की बात ज्यादा मानी जाती है।

262. *महेन्द्रं अपि हीनं न बहु मन्यते लोकः।*

धनहीन राजा की भी बातें नहीं मानी जातीं।

263. *दारिद्रयं खलु पुरुषस्य जीवितं मरणम्।*

दरिद्र पुरुष तो जीवित ही मरा हुआ होता है।

264. *विरूपो अर्थवान सुरूपो।*

कुरूप धनी भी सुन्दर माना जाता है।

265. *अदातारं अपि अर्थवन्तं अथिर्नो न त्यज्यति।*

कंजूस से कंजूस धनी से भी माँगने वाले माँगने से नहीं चूकते।

266. *उपार्जितानां वितानां त्याग एव हि रक्षणम्।*

उपार्जित धन का त्याग ही उसकी रक्षा है।

267. *अकुलीनो अपि कुलीन अद्विशिष्टः।*

अकुलीन धनी भी कुलीन गरीब से श्रेष्ठ है।

268. *नास्त्य अमान भयं अनार्यस्य।*

नीच को अपमान का भय नहीं होता।

269. *न चेतन वतां वृत्तिभयम्।*

कार्य–कुशल व्यक्ति को रोजगार का भय नहीं होता।

270. *न जितेन्द्रियाणां विषयभयम्।*

जिसका इन्द्रियों पर नियन्त्रण है, उसे विषय–वासना का भय नहीं होता।

271. *न कृतअर्थानां मरण भयम्।*

जिसने अर्थ–संग्रह किया हो, उसे मृत्यु का भय नहीं होता।

272. *कस्यचिद् अर्थं स्वमिव मन्यते साधुः।*

साधु पुरुष सभी के धन को अपना ही मानते हैं।

273. *परविभव एष्वादरो न कर्तव्यः।*
दूसरे के धन का लोभ न करें।

274. *न मृतस्य औषधं प्रयोजनम्।*
मृतक को औषधि की आवश्यकता नहीं होती।

275. *परविभव एष्वादरो अपि नाशमूलम्।*
दूसरे के धन का लोभ विनाश कर देता है।

276. *अल्पं अपि परद्रव्यं न हर्तव्यम्।*
दूसरे का थोड़ा–सा भी धन नहीं छीनना चाहिए।

277. *परद्रव्य अपहरणं आत्मद्रव्य नाश हेतुः।*
दूसरे का धन छीनना अपने धन के नाश का कारण बनता है।

278. *न चौर्यात् परं मृत्युपाशः।*
चोरी से बढ़कर दूसरा कष्टदायक मृत्यु का पाश नहीं है।

279. *आवागूः अपि प्राणधारणं करोति लोके।*
संसार में तो सत्तू से भी प्राण की रक्षा हो जाती है।

280. *समकाले स्वयं अपि प्रभुत्वस्य प्रयोजनं भवति।*
सामान्य पलों में अपने प्रभुत्व को बनाये रखना ही कर्तव्य है।

281. *नीचस्य विद्या पापकर्मणि योजयन्ति।*
नीच की विद्या पापकर्मों का ही सदा आयोजन करती हैं।

282. *पयःपान अपि विषवर्धनं भुजंगस्य न अमृतं स्यात्।*
दूध पिलाने से साँप का विष ही बढ़ता है, अमृत नहीं बनता।

283. *नहि धान्यसमो अर्थं।*
अन्न के सिवाय दूसरा धन नहीं है।

284. *न क्षुधासमः शत्रुः।*
भूख के समान दूसरा शत्रु नहीं है।

285. *अकृतेः नियता क्षुत्।*
आलसी व्यक्ति को भूख का कष्ट झेलना पड़ता है।

286. *नास्त्य अक्ष्यं क्षुधितस्य।*
भूखा तो न खाने वाली चीजें भी खा जाता है।

287. *इन्द्रियाणि जरावशं कुर्वन्ति।*
इन्द्रियों के अत्यधिक उपयोग से बुढ़ापा शीघ्र आता है।

288. *सानुक्रोशं भर्ताः माजीवेत्।*
सम्पन्न और दयालु स्वामी की ही नौकरी करनी चाहिए।

289. *लुब्धसेवी पावकेच्छाया खद्योतं धमति।*

कंजूस और लोभी मालिक से कुछ पाना जुगनू से अग्नि प्राप्त करने के समान है।

290. *विशेषज्ञं स्वामिनं आश्रयेत्।*

विशेषज्ञ व्यक्ति को स्वामी का आश्रय लेना चाहिए।

291. *पुरुषस्य मैथुनं जरा।*

काम–क्रीड़ा से पुरुष बूढ़ा हो जाता है।

292. स्त्रीणामैथुनं जरा।

स्त्रियाँ सम्भोग न होने से बूढ़ी हो जाती हैं।

293. *न नीच उत्तमयोः विवाह।*

नीच और उच्च का विवाह नहीं होना चाहिए।

294. *अगम्य आगमनाद आयुः यशः पुण्यानी क्षीयन्ते।*

वेश्या आदि (अगम्य) स्त्रियों के साथ सहवास करने से आयु, यश और पुण्य क्षीण हो जाते हैं।

295. *न अस्त्य अहंकार समः।*

अहंकार से बड़ा कोई शत्रु नहीं।

296. *संसदि शत्रुं न परिक्रोशेत्।*

सभा में शत्रु को क्रोधित न करें।

297. *शत्रु व्यसनं श्रवण सुखम्।*

शत्रु की गन्दी आदतों को सुनने से सुख मिलता है।

298. *अधनस्य बुद्धिः न विद्यते।*

धनहीन में बुद्धि नहीं होती।

299. *हितं अप्य धनस्य वाक्यं न श्रृणोति।*

निर्धन व्यक्ति की हितकारी बातों को भी कोई नहीं सुनता।

300. *अधनः स्वभार्याया अप्य अवमन्यते।*

निर्धन व्यक्ति की पत्नी भी उसकी बात नहीं मानती।

301. *पुष्पहीनं सहकारं अपि न उपासते भ्रमराः।*

पुष्पहीन होने पर सदा साथ रहने वाला भँवरा भी त्याग देता है।

302. *विद्या धनं अधनानाम्।*

विद्या ही निर्धन का धन है।

303. *विद्या चौरैः अपि न ग्राह्या।*

विद्या को चोर भी नहीं चुरा सकता।

304. *विद्यया ख्यापिता ख्यातिः।*

विद्या से विद्वान् की ख्याति होती है।

305. *यशः शरीरं न विनश्यति।*

यशरूपी शरीर नष्ट नहीं होता।

306. *यः परार्थं उपसर्पति स सत्पुरुषः।*

जो दूसरों की भलाई के लिए समर्पित है, वही सच्चा पुरुष है।

307. *इन्द्रियाणां प्रशमं शास्त्रम्।*

शास्त्रों के ज्ञान से इन्द्रियों को वश में किया जाता है।

308. *अशास्त्र कार्यवृत्तौ शास्त्र अंकुशं निवारयति।*

गलत कार्यों में लगे हुए व्यक्ति को शास्त्र–ज्ञान ही रोक पाता है।

309. *नीचस्य विद्या न उपेतव्या।*

नीच के दिये ज्ञान का अनुशरण नहीं करना चाहिए।

310. *म्लेच्छ अभाषणं न शिक्षेत्।*

नीच व्यक्ति की गन्दी बातों को नहीं सिखना चाहिए।

311. *म्लेछानाम अपि सुवृत्तं ग्राह्यम्।*

नीच व्यक्ति की भी अच्छी बातों को अपनाना चाहिए।

312. *गुणैः न मत्सरः कर्तव्यः।*

किसी के गुणों से ईर्ष्या नहीं करनी चाहिए।

313. *शत्रोः अपि सुगुणो ग्राह्य।*

शत्रु के भी अच्छे गुणों को ग्रहण करना चाहिए।

314. *विषाद् अप्य अमृतं ग्राह्यः।*

विष में अगर अमृत हो, तब उसे ग्रहण कर लेना चाहिए।

315. *अवस्थया पुरुषः सम्मान्यते।*

विशेष स्थिति में ही पुरुष सम्मान पाता है।

316. *स्थान एव नराः पूज्यन्ते।*

अपने स्थान पर बने रहने से ही मनुष्य पूजा पाता है।

317. *आर्यवृत्तं अनुतिष्ठेत्।*

आर्यो के समान ही सदा व्यवहार करना चाहिए।

318. *कदापि मर्यादा न अतिक्रमेत्।*

मर्यादा का कभी भी उल्लंघन न करें।

319. *न अस्त्यर्घः पुरुष रत्नस्य।*

विद्वान् और प्रबुद्ध व्यक्ति समाज के रत्न होते हैं।

320. *न स्त्रीसमं रत्नम्।*

स्त्री से बढ़कर कोई दूसरा रत्न नहीं है।

321. *सुदुर्लभं रत्नम्।*

रत्नों की प्राप्ति कठिन है।

322. *अयशो भयं भयेषु।*

सभी प्रकार के भय से बदनामी का भय बड़ा होता है।

323. *न अस्ति अलसस्य शास्त्र अधिगमः।*

आलसी को शास्त्र का ज्ञान नहीं हो सकता।

324. *न स्त्रैणस्य स्वर्गाप्तिः धर्म कृत्यं च।*

स्त्री के प्रति आसक्त रहने वाले को न स्वर्ग मिलता है और न धर्म–कर्म।

325. *स्त्रियो अपि स्त्रैणं अवमन्यते।*

स्त्री भी नपुंसक का अपमान कर देती है।

326. *न पुष्पार्थी सिंचति शुष्कतरुम्।*

फूलों की इच्छा रखने वाला सूखे पेड़ में पानी नहीं डालता।

327. *अद्रव्य अप्रयत्नो बालुका क्वाथन आदनन्यः।*

बिना प्रयत्न किये धन की प्राप्ति की इच्छा बालू से तेल निकालने के समान है।

328. *न महाजनहासः कर्तव्यः।*

महान् व्यक्तियों का या महाजन का उपहास न करें।

329. *कार्यसम्पदं निमित्तानि सूचयन्ति।*

कार्य के लक्षण ही सफलता–असफलता की सूचना देते हैं।

330. *नक्षत्रादपि निमित्तानि विशेषयन्ति।*

नक्षत्रों के द्वारा भी कार्य के होने या न होने का पता चलता है।

331. *न त्वरितस्य नक्षत्र परीक्षा।*

अपने कार्य की शीघ्र सिद्धि चाहने वाला नक्षत्रों की परीक्षा नहीं करता।

332. *परिचये दोषा न छाद्यन्ते।*

परिचय हो जाने के बाद दोष नहीं छिपते।

333. *स्वयं अशुद्धः परान आशंकते।*

जो स्वयं अशुद्ध है, वही दूसरे के अशुद्ध होने की शंका करता है।

334. *स्वभावो दुरति क्रमः।*

स्वभाव का अतिक्रमण कठिन है।

335. *अपराध अनुरूपो दण्डः।*

अपराध के अनुरूप ही दण्ड होना चाहिए।

336. *कथा अनुरूपं प्रतिवचनम्।*

कथन के अनुसार ही उत्तर दें।

337. *विभव अनुरूपं आभरणम्।*
वैभव के अनुरूप ही वस्त्र और आभूषण धारण करें।

338. *कुल अनुरूपं वृत्तम्।*
कुल के अनुसार ही कार्य करें।

339. *कार्यानुरूपः प्रयत्नः।*
कार्य के अनुरूप प्रयत्न करें।

340. *पात्र अनुरूपं दानम्।*
पात्र के अनुरूप ही दान दें।

341. *वयो अनुरूपो वेशः।*
उम्र के अनुसार ही वेश धारण करें।

342. *स्वाम्य अनुकूलो भृत्यः।*
स्वामी के अनुकूल ही सेवक को होना चाहिए।

343. *भर्तृवशवर्तिनी भार्या।*
पत्नी को पति के अनुसार ही आचरण करना चाहिए।

344. *गुरुवशानुवर्ती शिष्यः।*
शिष्य को गुरु का अनुगमन करना चाहिए।

345. *पितृवशानुर्ती पुत्रः।*
पुत्र को पिता के वश में होना चाहिए।

346. *अति उपचारः शंकितव्यः।*
अधिक आदर—सत्कार को शंका से देखें।

347. *स्वामिन कुपिते स्वामिना एव अनुवर्तते।*
स्वामी के क्रोधित होने पर स्वामी के अनुसार ही चलें।

348. *मातृताडितो वत्सो मातः एव आनुरोदति।*
माता से प्रताड़ित बच्चा माँ के पास ही जाकर रोता है।

349. *स्नेहवतः स्वल्पो हि रोषः।*
स्नेह करने वाले को क्रोध थोड़ी देर के लिए ही होता है।

350. *आत्मछिद्रं न पश्यति परछिद्रं एव पश्यति बालिशः।*
मूर्ख व्यक्ति अपना दोष नहीं देखता, उसे दूसरों के दोष दिखायी देते हैं।

351. *स उपचारः केतवः।*
धूर्त व्यक्ति अपने स्वार्थ के लिए दूसरों की सेवा करता है।

352. *काम्यैः विशेषः उपचारणं उपचारः।*
धूर्त अपनी मंशा की पूर्ति के लिए ही उपहार आदि देता है।

353. *चिरपरिचिता नाम अति उपचारः शंकितव्यः।*
बहुत दिनों का परिचित व्यक्ति अगर ज्यादा सेवा करने लगे, तब शंका करें।

354. *गौः दुष्कराश्वसहस्राद एकाकिनी श्रेयसी।*
एक बिगड़ैल गाय सौ कुत्तों से ज्यादा श्रेष्ठ होती है।

355. *श्वो मयूरादद्य कपोतो श्रेयसो।*
कल के मोर से आज का कबूतर भला।

356. *श्वः सहस्रादद्य एकाकिनी श्रेयसी।*
कल के हजार कौड़ियों से आज की एक कौड़ी भली होती है।

357. *अति संगो दोषं उत्पादयति।*
किसी से भी अति आसक्ति से दोष उत्पन्न होता है।

358. *सर्वं जयत्यक्रोधः।*
शान्त, क्रोधहीन व्यक्ति सबको जीत लेता है।

359. *यद्यअपकारिणी कोपः कोपे कोप एव कर्तव्यः।*
दुष्ट पर क्रोध करने के पूर्व अपने आप पर क्रोध करना चाहिए।

360. *मतिमत्सु मूर्खमित्रगुरु वल्लभेषु विवादो न कर्तव्यः।*
बुद्धिमान व्यक्ति को चाहिए कि वह मूर्ख, मित्र, गुरु और प्रियजनों से विवाद न करे।

361. *न अस्ति पिशाचं ऐश्वर्यं।*
पिशाच के पास ऐश्वर्य नहीं होता या ऐश्वर्य किसी को भी पिशाच बना देता है।

362. *नास्ति धनवतां सुकर्मसु श्रमः।*
धनवान को सत्कर्म करने में अधिक श्रम नहीं लगता।

363. *नास्ति गतिश्रमो यानवताम्।*
वाहनों पर यात्रा करने वाले पैदल नहीं चला करते।

364. *न समाधिः स्त्रीषु लोकज्ञता च।*
स्त्री में गम्भीरता नहीं चंचलता होती है।

365. *यो यस्मिन् कुशलः स तस्मिन् योक्तव्यः।*
जो जिस कार्य में कुशल हो उसे उसी में लगना या लगाना चाहिए।

366. *दुष्कलत्रं मनस्विनां शरीरकर्शनम्।*
दुष्ट स्त्री विद्वान् के भी शरीर को कमजोर बना देती है।

367. *अप्रमत्तो दारान् निरीक्षेत्।*
स्त्री, पत्नी का निरीक्षण, करने में, उसपर नजर रखने में, आलस्य न करें।

368. *स्त्रीषु किंचिदपि न विश्वसेत्।*
स्त्री पर जरा भी विश्वास न करें।

369. *अलौमयं निगडं कलत्रम्।*
स्त्री बिना लोहे की बेड़ी है।

370. *वैदुष्यं-अलंकारेण-आच्छाद्यते।*
अलंकार से सौन्दर्य और विद्वता छिप जाती है।

371. *गुरुणां माता गरीयसी।*
गुरुजनों की माता का स्थान सर्वोच्च होता है।

372. *सर्व अवस्थासु माता भर्तव्या।*
प्रत्येक अवस्था में माता का भरण–पोषण करना चाहिए।

373. *स्त्रीणां भूषणं लज्जा।*
स्त्री का आभूषण लज्जा है।

374. *विप्राणां भूषणं वेदः।*
विप्र का आभूषण ज्ञान होता है।

375. *सर्वेषां भूषणं धर्मः।*
धर्म सबका आभूषण होता है।

376. *भूषणानां भूषणं सविनया विद्या।*
सभी आभूषणों का आभूषण वह विद्या है, ज्ञान है जिसमें विनय हो।

377. *अन उपद्रवं देशं-आवसेत्।*
शान्तिपूर्ण देश में ही रहें।

378. *साधुजन बहुलो देशः।*
जहाँ सज्जनों की संख्या ज्यादा हो वहीं बसें।

379. *राज्ञो भेतव्य सर्वकालम्।*
राजा से सदा डरते रहें।

380. *न राज्ञः परं दैवतम्।*
राजा से बड़ा कोई देवता नहीं है।

381. *सुदूरं अपि दहति राजवह्नि।*
राजा की आग बहुत दूर तक जलाती है।

382. *रिक्तहस्तो न राजानं अभिगच्छेत्।*
राजा के पास खाली हाथ कभी न जायें।

383. *गुरुं च दैवं च।*
गुरु के पास और देवता के पास भी खाली हाथ कभी न जायें।

384. *कुटुम्बिनो भेतव्यम्।*
सम्बन्धियों से भेद–भाव, द्वेष या कटुता न रखें।

385. *गन्तव्यं च सदा राजकुलम्।*

राजकुल में सदैव आते–जाते रहना चाहिए।

386. *राजपुरुषैः सम्बन्धं कुर्यात्।*

राजपुरुषों से सम्बन्ध बनाये रखें।

387. *राजदासी न सेवितव्या।*

राजा की दासी से कभी निकटता नहीं होनी चाहिए।

388. *न चक्षुष अपि राजधनं निरीक्षेत्।*

राजा के धन की ओर आँख भी नहीं उठाना चाहिए।

389. *पुत्रे गुणवति कुटुम्बिनः स्वर्गः।*

पुत्र और कुटुम्बियों के गुणवान होने से जीवन स्वर्ग हो जाता है।

390. *पुत्रा विद्यानां पारं गमयितव्या।*

पुत्र को सभी विद्याओं में पारंगत बनाना चाहिए।

391. *जनपदार्थं ग्रामं त्यजेत।*

जनपद के लिए ग्राम को त्याग देना चाहिए। ग्राम को त्याग कर भी जनपद की रक्षा होनी चाहिए।

392. *ग्रामार्थं कुटुम्बः त्यजेत्।*

ग्राम के लिए कुटुम्ब को त्याग देना चाहिए। कुटुम्ब को त्याग कर भी ग्राम की रक्षा होनी चाहिए।

393. *अतिलाभः पुत्रलाभः।*

पुत्र की प्राप्ति सर्वश्रेष्ठ लाभ है।

394. *प्रायेण हि पुत्राः पितरं अनुवर्तन्ते।*

पिता के प्रयाण के बाद पुत्र ही पिता का अनुगमन करता है।

395. *दुर्गतेः पितरौ रक्षति स पुत्रः।*

विनाश के समय जो पिता आदि की रक्षा करे वही पुत्र होता है।

396. *कुलं प्रख्यापयति पुत्रः।*

पुत्र कुल को यश दिलाता है।

397. *येन तत्कुलं प्रख्यातं सः पुरुषः।*

पुरुष वही है जो अपने कुल को ख्याति दे।

398. *न अनपत्यस्य स्वर्गः।*

पुत्र के बिना स्वर्ग की प्राप्ति नहीं होती।

399. *या प्रसूते सा भार्या।*

पुत्र को जन्म देने वाली पत्नी कहलाती है।

400. *सतीर्था अभिगमनाद् ब्रह्मचर्यं नश्यति।*
एक ही गुरुकुल में पढ़ने वाले छात्र–छात्राओं का निकट सम्बन्ध ब्रह्मचर्य को नष्ट कर देता है।

401. *पुत्रार्था हि स्त्रियः।*
पुत्र–प्राप्ति के लिए स्त्री को ग्रहण किया जाता है।

402. *न परक्षेत्रे बीजं विनिक्षेपेत।*
पराये क्षेत्र में बीज न डालें या परायी स्त्री को गर्भवती न करें।

403. *उपस्थित विनाशः पथ्य वाक्यं न श्रृणोति।*
विनाश काल आने पर उपाय की बात कोई नहीं सुनता।

404. *नास्ति देहिनां सुख दुःख अभावः।*
देहधारी को सुख–दुःख की कोई कमी नहीं रहती।

405. *मातरं इव वत्साः सुख दुःखानि कर्तारं एवा अनुगच्छति।*
गाय के पीछे चलते बछड़े के समान सुख–दुःख मनुष्य के साथ जीवन भर चलता है।

406. *तिलमात्रं उपकारं शैलमात्रं मन्यते साधुः।*
तिल बराबर उपकार को सज्जन पर्वत के बराबर समझते हैं।

407. *उपकारो अनार्येः न कर्तव्यः।*
दुष्ट व्यक्तियों पर उपकार न करें।

408. *प्रत्युपकार भयाद अनार्यः शत्रुः भवति।*
उपकार का मोल चुकाने के भय से दुष्ट व्यक्ति शत्रु बन जाता है।

409. *स्वल्पं उपकार कृते प्रत्युपकारं कर्तुं आर्यो न स्वपिति।*
थोड़े से उपकार के बदले बड़ा उपकार करने हेतु सज्जन को नींद नहीं आती।

410. *न कदापि देवता अवमन्तका।*
देवता का कभी अपमान न करें।

411. *न चक्षुषः समं ज्योतिः अस्ति।*
आँखों के समान कोई ज्योति नहीं।

412. *चक्षुः हि शरीरिणां नेता।*
आँखें ही नेता हैं।

413. *अपचक्षुषः किं शरीरेण।*
आँखों के बिना शरीर क्या है?

414. *न अप्सु मूत्रं कुर्यात्।*
जल में पेशाब न करें।

415. *न नग्नो जलं प्रविशेत्।*
जल में नग्न प्रवेश न करें।

416. *यथा शरीरं तथा ज्ञानम्।*
जैसा शरीर होता है, वैसा ही ज्ञान होता है।

417. *यथा बुद्धिः तथा विभवः।*
जैसी बुद्धि होती है, वैसा ही वैभव होता है।

418. *दुर्लभः स्त्री बन्धनान मोक्षः।*
स्त्री के बन्धन से मुक्ति अत्यन्त कठिन है।

419. *स्त्री नाम सर्व अशुभानाम क्षेत्रम्।*
सभी अशुभ की जड़ और क्षेत्र स्त्रियाँ ही हैं।

420. *स्त्रीणां मनः क्षणिकः।*
स्त्रियों का मन केवल क्षण भर के लिए स्थिर होता है।

421. *अग्नाव अग्निं न निक्षेपेत्।*
अग्नि में अग्नि नहीं डालनी चाहिए।

422. *तपस्विनः सदा पूज्यनीयाः।*
तपस्वी सदैव पूज्य हैं।

423. *परदारान् न गच्छेत्।*
दूसरों की स्त्रियों के पास नहीं जाना चाहिए।

424. *अन्नदानं भ्रूणहत्यां-अपि मार्ष्टि।*
अन्नदान करने से भ्रूण हत्या के पाप से भी मुक्ति मिल जाती है।

425. *न वेदबाह्यो धर्मः।*
वेद के अतिरिक्त धर्म नहीं है।

426. *न कदाचित् अपि धर्म निषेधयेत्।*
धर्म का विरोध कभी न करें।

427. *स्वर्गं नयति सूनृतम्।*
सत्य वाणी से स्वर्ग भी झुक जाता है।

428. *नास्ति सत्यात् परं तपः।*
सत्य बोलने से बड़ा तप नहीं है।

429. *सत्यं स्वर्गस्य साधनम्।*
सत्य स्वर्ग की प्राप्ति का साधन है।

430. *सत्येन धार्यते लोकः।*
सत्य ने ही लोक का धारण कर रखा है।

431. *सत्याद् देवो वर्षति।*
सत्य पर ही देवों का आशीष बरसता है।

432. *न मीमांस्या गुरवः।*
गुरु की समीक्षा या आलोचना नहीं की जाती।

433. *खलत्वं न उपेयात्।*
दुष्टता नहीं अपनानी चाहिए।

434. *ननृतात् पातकं परम्।*
झूठ से बड़ा कोई पाप नहीं।

435. *नास्ति खलस्य मित्रम्।*
दुष्ट व्यक्ति का कोई मित्र नहीं होता।

436. *लोकयात्रा दरिद्रं बाधते।*
संसार में निर्धन व्यक्ति की यात्रा दुःखद होती है।

437. *अति शूरो दानशूरो।*
दानवीर ही सबसे बड़ा वीर है।

438. गुरुदेवब्राह्मणेषु भक्ति भूषणः।
गुरु, देवता और ब्राह्मण में भक्ति ही भूषण है।

439. *सर्वस्य भूषणः विनयः।*
विनम्रता सबका आभूषण है।

440. *अकुलीनो अपि विनीतः कुलीनाद्वि अशिष्टः।*
जो अकुलीन होकर भी विनम्र है वह अशिष्ट कुलीन से बहुत श्रेष्ठ है।

441. *न अर्थिष्व अवज्ञा कार्या।*
याचकों का अपमान या उनकी उपेक्षा नहीं करनी चाहिए।

442. *प्रियं अप्य अहितं न वक्तव्यम्।*
अहितकर बात नहीं बोलनी चाहिए चाहे वह मधुर ही क्यों न हो।

443. *बहुजन विरोधं एकं न अनुवर्तेत्।*
बहुमत का विरोध करने वाले एक व्यक्ति का अनुगमन नहीं करना चाहिए।

444. *न दुर्जनेषु भागधेयः कर्तव्यः।*
दुर्जन व्यक्ति के साथ अपने भाग्य को नहीं जोड़ना चाहिए।

445. *आचाराद आयुः वर्धते कीर्तिश्च।*
सदाचार से मनुष्य की आयु और कीर्ति दोनों बढ़ती हैं।

446. *न कृतार्थेषु नीचेषु सम्बन्धः।*
धनी नीच को भी अपना सम्बन्धी नहीं बनाना चाहिए।

447. *ऋणशत्रुव्याधिष्व अशेषः कर्तव्यः।*
ऋण, शत्रु और रोग को समाप्त कर देना चाहिए।

448. *भृत्य अनुर्वनं पुरुषस्य रसायनम्*।
कल्याण का मार्ग अपनाना ही एक पुरुष के लिए जीवन दायिनी शक्ति है।

449. *दुष्करं कर्म कारयित्वा कर्तारं अवमन्यते नीचः*।
कठिन कार्य करवा लेने के बाद भी नीच व्यक्ति कार्य कर देने वाले का अपमान ही करता है।

450. *न अकृतज्ञस्य नरकानि वर्तनम्*।
अकृतज्ञ को, उपकार नहीं मानने वाले को नरक ही मिलता है।

451. *जिह्वायत्तौ वृद्धि विनाशौ*।
जीभ का अति बढ़ना विनाश का कारण है।

452. *विष अमृतयोः आकरो जिह्वा*।
जीभ ही विष और अमृत की खान है।

453. *स्वधर्म हेतुः सत्पुरुष*।
अपने धर्म के लिए ही कोई सत्पुरुष कहलाता है।

454. *स्तुता अपि देवता स्तुष्यन्ति*।
स्तुति करने से देवता भी प्रसन्न हो जाते हैं।

455. *अनृतं अपि दुर्वचनं चिरं तिष्ठति*।
दुर्वचन लम्बे समय तक याद रहते हैं।

456. *राजद्विष्टं न च वक्तव्यम्*।
राजा के प्रति द्वेष दिखाने वाले वचन नहीं बोलने चाहिए।

457. *श्रुतिसुखात् कोकिल आलापा तुष्यन्ति*।
कोयल की तान सुनने में सबको सुखद लगती है।

458. *प्रिय वादिनो न शत्रुः*।
प्रिय वचन बोलनेवाले का कोई शत्रु नहीं होता है।

459. *न अस्त्य अर्थिनो गौरवम्*।
जो मांगता है, उसकी मर्यादा नहीं रहती है।

460. *स्त्रीणां भूषणं सौभाग्यम्*।
स्त्री का सौभाग्य उसका सुहाग है।

461. *शत्रोः अपि न पतनीया वृत्तिः*।
शत्रु की भी जीविका समाप्त नहीं करनी चाहिए।

462. *सुजीर्णो अपि पिचुमन्दो न शंकुलायते*।
नीम के पुराने पेड़ से भी सरौता नहीं बनता। जो जिस कार्य के योग्य है उससे वही कार्य लिया जा सकता है।

463. *एरण्डं अवलम्ब्य कुजरं न कोपयेत्।*
अरण्डी के पेड़ के सहारे हाथी को क्रोधित न करें।

464. *अति प्रवृद्धा शाल्मली वारण स्तम्भो न भवति।*
बहुत पुराने शाल के पेड़ से भी हाथी को नहीं बांधा जा सकता।

465. *अति दीर्घो अपि कर्णिकारो न मुसली।*
चाहे कितना भी बड़ा कनेर हो, उससे मुसल नहीं बनता।

466. *अतिदीप्तो अपि खद्योतो न पावकः।*
जुगनू कितना भी चमकीला हो, अग्नि नहीं देगा।

467. *न प्रवृद्धत्वं गुणहेतुः।*
समृद्ध होने से कोई गुणवान नहीं हो जाता।

468. *अप्रयत्नादेकं क्षेत्रम्।*
बिना प्रयत्न के जहाँ जल उपलब्ध हो, वहीं खेती करनी चाहिए।

469. *यथा बींज तथा निष्पत्ति।*
जैसा बीज होता है, वैसा ही फल होता है।

470. *यथाश्रुतं तथा बुद्धिः।*
जैसी शिक्षा वैसी बुद्धि।

471. *यथाकुलं तथा आचारम्।*
जैसा कुल, वैसा आचरण होता है।

472. *संस्कृतः पिचुमन्दो न सहकारो न भवति।*
सुसंस्कृत किया नीम भी आम नहीं बन सकता है।

473. *न च आगतं सुखं परित्यजेत्।*
पाये हुए सुख को छोड़ें नहीं।

474. *स्वयं एव दुःखं अधिगच्छति।*
दुःख अपने आप आ जाते हैं।

475. *शास्त्रप्रधाना लोकवृत्तिः।*
लोक–व्यवहार शास्त्रों के अनुसार होना चाहिए।

476. *निशाया न चरेत्।*
रात्रि में नहीं घूमना चाहिए।

477. *न च अर्द्धरात्रं स्वपेयात्।*
आधी रात तक नहीं जगना चाहिए।

478. *अनधिकारे न प्रविशति गृहे।*
बिना अधिकार के किसी के घर में प्रवेश न करें।

479. *परद्रव्यं हरणं अपराधः।*
दूसरे का धन छीनना अपराध है।

480. *तद् विद्वद्भिः परीक्षेत।*
कार्यारम्भ का समय विद्वान् और अनुभवी से पूछना चाहिए।

481. *परगृहं अकारणतो न प्रविशेत्।*
अकारण किसी के घर में प्रवेश न करें।

482. *ज्ञात्वा अपि दोषं एव करोति लोकः।*
जानते हुए भी लोग अपराध करते हैं।

483. *शास्त्र अभावे शिष्टाचारं अनुगच्छेत्।*
शास्त्र न जानने पर श्रेष्ठ पुरुषों के आचरण के अनुसार कार्य करें।

484. *न चरिताः शास्त्रं गरीयः।*
शास्त्र शिष्टाचार से बड़ा नहीं है।

485. *दुरस्थं अपि चारचक्षुः पश्यति राजा।*
राजा अपने गुप्तचरों द्वारा दूर की घटनाओं को भी जान लेता है।

486. *गतानुगतिको लोकः।*
सामान्य जन लोकाचार का पालन करते हैं।

487. *यम अनुजीवेत्तं न अपवदेत्।*
जिससे जीवनयापन होता है, उसकी निन्दा न करें।

488. *तपःसार इन्द्रिय निग्रहः।*
इन्द्रियों को वश में करना ही तप का सार है।

489. अशुभ–द्वेषिणः स्त्रीषु न प्रसक्ताः।
अशुभ से बचने वाले स्त्रियों में आसक्त नहीं होते।

490. *यज्ञ-फलज्ञाः त्रिवेदविदः।*
तीनों वेदों को जानने वाला ही यज्ञ का फल जान सकता है।

491. *स्वर्गस्थानं न शाश्वतम्।*
स्वर्ग में निवास स्थायी नहीं है।

492. *यावत् पुण्यफलं तावदेव स्वर्गफलम्।*
जब तक पुण्यफल है, तभी तक स्वर्ग है।

493. *न च स्वगात् पतनात् परं दुःखम्।*
स्वर्ग से पतन बड़े दुःख का कारण नहीं है।

494. *देही देहं त्यक्त्वा ऐन्द्रपदं न वांछति।*
प्राणी प्राण त्यागकर इन्द्र का पद भी पाना नहीं चाहता।

495. *दुःखानां औषधं निर्वाणम्।*

निर्वाण से ही दुःखों से छुटकारा मिलता है।

496. *अनार्य सम्बन्धात् उत्तम आर्य शत्रुता।*

दुष्ट की मित्रता से सज्जन की शत्रुता अच्छी है।

497. *निहन्ति दुर्वचनं कुलम्।*

दुर्वचनों से कुल का नाश हो जाता है।

498. *न पुत्र संस्पर्शात् परं सुखम्।*

पुत्र के स्पर्श के सुख से बड़ा कोई सुख नहीं है।

499. *विवादे धर्मं अनुस्तरेत्।*

विवाद के समय धर्म का अनुसरण करना चाहिए।

500. *निशान्ते कार्यं चिन्तयेत्।*

प्रातःकाल दिनभर के कार्यों को निश्चित करना चाहिए।

501. *उपस्थित विनाशो दुर्नयं मन्यते।*

विनाशकाल आने पर आदमी अनीति पर चलने लगता है।

502. *क्षीरार्थिनः किं करिण्या।*

दूध चाहने वाले के लिए हाथी की क्या आवश्यकता?

503. *न दान समं वश्यम्।*

दान जैसा कोई वशीकरण मन्त्र नहीं है।

504. *परायत्तेषु उत्कण्ठां न कुर्यात्।*

परायी वस्तु पाने की लालसा नहीं करनी चाहिए।

505. *असत् समृद्धिः असद् एव भुज्यते।*

दुष्ट की सम्पति का उपभोग दुष्ट ही करते हैं।

506. *निम्बफलं काकैः भुज्यते।*

नीम का फल कौवे ही खाते हैं।

507. *न अम्भोधिः तृष्णां उपोहति।*

समुद्र के पानी से प्यास नहीं बुझती।

508. *बालुका अपि स्वगुणं आश्रयेत्।*

न बालू और न दुष्ट अपने स्वभाव को नहीं छोड़ते हैं।

509. *सन्तो असत्सु न रमन्ते।*

सज्जन दुर्जनों में विचरण नहीं करते।

510. *न हंसाः प्रेतवने रमन्ते।*

हंस भी श्मशान में वास नहीं करते।

511. *अर्थ-अर्थं प्रवर्तते लोकः।*
लोग धन के पीछे ही लगे रहते हैं।

512. *आशया बध्यते लोकः।*
यह संसार आशा के सहारे बँधा है।

513. *न च आश अपरैः श्रीः सहतिष्ठति।*
केवल आशा के सहारे लक्ष्मी प्राप्त नहीं होती।

514. *आशा अपरे न धैर्यम्।*
आशा के साथ धैर्य नहीं होता।

515. *दैन्यान् मरणं श्रेष्ठम्।*
दरिद्र होकर जीने से मर जाना अच्छा है।

516. *आशा लज्जां व्यपोहति।*
लालसा निर्लज्ज बना देती है।

517. *आत्मा न स्तोतव्यः।*
अपनी प्रशंसा स्वयं नहीं करनी चाहिए।

518. *न दिवा स्वप्नं कुर्यात्।*
दिन में सपने नहीं देखने चाहिए।

519. *आयुः क्षयी दिवा निद्रा।*
दिन में सोने से आयु घटती है।

520. *न च आसन्नं अपि पश्यत्य ऐश्वर्य अन्धः न श्रृणोतिष्टम्।*
ऐश्वर्य के लिए अन्धा व्यक्ति न अपने निकट किसी को देखता है और न किसी की हितकारी बात सुनता है।

521. *स्त्रीणां न भर्तुः परं दैवतम्।*
स्त्रियों के लिए पति से बड़ा देवता नहीं है।

522. *तद अनुवर्तनं उभय सौख्यम्।*
स्त्री को पति के अनुगमन से इहलोक, परलोक दोनों का सुख मिलता है।

523. *अतिथिं अभ्यागतं पूजयेत् यथाविधि।*
जैसा सम्भव हो आगत अतिथि की पूजा करें।

524. *नित्यं संविभागी स्यात्।*
प्रतिदिन दूसरे को समभागी बनावें।

525. *नास्ति हव्यस्य व्याघात्।*
दिया गया दान कभी नष्ट नहीं होता।

526. *शत्रुः अपि प्रभावी लोभात्।*
लोभ द्वारा शत्रु को भी भ्रष्ट किया जा सकता है।

527. *मृगतृष्णा जलवद् भाति।*

मृगतृष्णा जल के समान दिखता है।

528. *उपालम्भो न अस्ति-प्रणयेषु।*

विनयरहित व्यक्ति को ताना देना व्यर्थ है।

529. *दुर्मेध सामःच शास्त्रं मोहयति।*

बुद्धिहीन व्यक्ति निकृष्ट साहित्य के प्रति ही मोहित होते हैं।

530. *सत्संगः स्वर्गवासः।*

सत्संग स्वर्ग में निवास जैसा है।

531. *आर्यः स्वयं इव परं मन्यते।*

श्रेष्ठ व्यक्ति दूसरों को अपने समान ही मानता है।

532. *विश्वासघातिनो न निष्कृति।*

विश्वासघाती को मुक्ति नहीं मिलती।

533. *पुत्रो न स्तोतव्यः।*

पुत्र की प्रशंसा नहीं करनी चाहिए।

534. *शक्तौ क्षमा श्लाघनीय।*

बल–प्रयोग के स्थान पर क्षमा अधिक प्रशंसनीय होता है।

535. *श्वः कार्यं अद्य कुर्वीत्।*

कल का काम आज ही कर लें।

536. *तत्त्वज्ञानोंर्यं एव प्रकाशयति।*

कर्म करने से ही तत्त्वज्ञान को समझा जा सकता है।

537. *आत्मा हि व्यवहारस्य साक्षी।*

अपनी आत्मा ही अपने कर्मों की साक्षी होती है।

538. *प्रछन्न पापानां साक्षिणो महाभूतानि।*

छिपकर किये गये पापों के साक्षी पंच महाभूत तत्त्व होते हैं।

539. *आत्मनः पापं आत्मा एव प्रकाशयति।*

पापी ही अपने पाप प्रकट कर देता है।

540. *अहिंसा लक्षणो धर्मः।*

अहिंसा, धर्म का लक्षण है।

541. *सर्वमनित्यं भवति।*

सभी कुछ नाशवान है।

तीसरा खण्ड

अमरता और निर्वाण
शेष कथ्य

1

चाणक्य की निरन्तर सक्रियता

वर्तमान ही वह समय और पीठिका है, जहाँ खड़ा होकर अतीत और भविष्य को देखा और समझा जा सकता है, क्योंकि हम जब भी होते हैं, केवल वर्तमान में ही हो सकते हैं। हम न अतीत में हो सकते हैं और न भविष्य में ही जा सकते हैं। जो हमें थोड़ी जानकारी कहीं से मिल पाती है, वह चाणक्य के पाटलिपुत्र आगमन और पाटलिपुत्र में ही मौर्य–साम्रज्य की स्थापना तक ही मिलती है। उसके पूर्व का और बाद का केवल उसी कालखण्ड के आलोक में देखा जा सकता है और तौला या समझा जा सकता है। यह कालखण्ड चाणक्य के निरन्तर सक्रियता का कालखण्ड था, जिससे इतना ही माना जा सकता है कि वे आरम्भ से अन्त तक पूर्णरूप से सक्रिय रहे।

प्रण कर लेने के पश्चात् चाणक्य ने अपना सारा ध्यान नन्दवंश के विनाश पर लगाया; अपनी सारी शक्ति नन्दवंश के विनाश में झोंक दी। किन्तु यह प्रण दैव योग से हो गया था। जो आदर्श आकांक्षा उनके मन में थी, वह तो सम्पूर्ण देश को एक शासन के अन्तर्गत लाने की थी। प्रण पूरा होते ही चाणक्य ने उस दिशा में कार्य करना आरम्भ कर दिया। अब वह थोड़े से युवाओं की मुट्ठी भर सेना वाले नहीं थे, अब उनका बल एक युवा सेनानायक तक सीमित नहीं था, अब वे एक सम्राट् के आमात्य थे और उनके पास मगध–साम्राज्य की सारी सेना थी जिसका प्रशिक्षण और संचालन उनके हाथ में था। चाणक्य का भय और चन्द्रगुप्त की प्रसिद्धि ऐसी थी कि कोई भी किसी भी आदेश की अवहेलना करने में समर्थ नहीं था। ऐसे परिपाक अवसरों का पूर्ण लाभ उठाने में चाणक्य सिद्धहस्त थे।

अधिग्रहण और मौर्य–साम्राज्य का विस्तार

चूँकि चाणक्य देश का भ्रमण कर चुके थे और उसकी पैनी दृष्टि ने उन समस्याओं और स्थितियों का आकलन कर लिया था, जिधर शासकों की दृष्टि नहीं जाती। फलतः वे उस परिज्ञान का लाभ उठाते हुए और अपने गुप्तचरों से नयी सूचनाएँ लेते हुए मौर्य–साम्राज्य के विस्तार और उसे सुदृढ़ करने में उन्होने किसी अवसर को हाथ से जाने नहीं दिया। राष्ट्र का निर्माण, उसका संगठन और उसकी सुदृढ़ता अब चाणक्य के लिए महत्त्वपूर्ण थे। उनके लिए वे कुछ भी त्याग देने के लिए तैयार थे।

भारतीय इतिहास में वह विभाजन, बाहरी आक्रमण और संक्रमण का काल था। एक ओर राष्ट्र बिखर रहा था और दूसरी ओर राष्ट्र का निर्माण हो रहा था। सिकन्दर द्वारा जीता गया भू–भाग अभी भी ग्रीक निवासियों के ही अधिकार में था। सेनापति सेल्यूकस निकोटार की देख–रेख में उसी भाग में ग्रीक अभी तक भारत में थे। चाणक्य उस विशाल भू–भाग को उनके पंजे से छीनकर अपने अधिकार में कर लेना चाहता था।

विवाह से अधिग्रहण

चाणक्य नहीं चाहते थे कि ग्रीक से युद्ध करके वह अपने को कमजोर करें या अनावश्यक रक्तपात मचे। उसकी दृष्टि में विवाह का एक मार्ग था, जिससे साँप को भी विषहीन होकर मर जाना था और अपनी लाठी पर भी खरोंच तक नहीं आने वाली थी। वह सेल्यूकस की सुन्दर पुत्री हेलेन, जिसका मूल नाम कॉरनेलिया था, के सम्बन्ध में सभी कुछ जानते थे। जानते तो वह चन्द्रगुप्त के सम्बन्ध में भी था जिसका झुकाव एक ग्रामीण कन्या चित्रा की ओर था।

{कवि और नाटककार जयशंकर प्रसाद ने चन्द्रगुप्त नाटक में चन्द्रगुप्त के इस स्नेह–सम्बन्ध का बहुत ही सजीव चित्रण किया है। कहीं–कहीं इसे काल्पनिक पात्रा के रूप में भी जाना, माना व चित्रित किया जाता है।}

इन सारी जानकारियों से और सेल्यूकस को समझते हुए चाणक्य ने निर्णय लिया कि हेलेन का विवाह चन्द्रगुप्त से कराकर कर उसके राज्य को मौर्य–साम्राज्य में मिला लिया जाये। इससे बहुत कुछ प्राप्त हो सकता था और हानि कोई नहीं थी।

चाणक्य ने अपने निर्णय को अपने प्रिय शिष्य शासक को बता दिया। चन्द्रगुप्त दुविधा में अवश्य पड़ा किन्तु वह अपने निर्माता को कुछ कह नहीं सकता था। वह चित्रा को वचन दे चुका था। उस वचन की रक्षा भी करनी थी। वह चाणक्य को स्वयं सब कुछ बतानेवाला था, यह जानते और समझते हुए भी कि उनसे कुछ छिपा नहीं होगा। चाणक्य सभी बिन्दुओं पर विचार कर चुके थे, किन्तु उसको स्पष्ट बताना नहीं चाहते थे। इसीलिए वे कठोर बने रहे। चन्द्रगुप्त ने अपनी बात कह दी और निर्णय चाणक्य पर छोड़ दिया, जिनका निर्णय सर्वविदित था कि वे मगध पर शासन पाकर ही सन्तुष्ट होने वाले नहीं थे। जब कुछ नहीं था, तब मगध का शासन मिला था, अब सब था तब स्थिर हो जाने का औचित्य नहीं था।

सेल्यूकस यूँ ही सब स्वीकार कर लेने वाला नहीं था। इसलिए चाणक्य को चढ़ाई करनी पड़ी। निश्चिन्त सेल्यूकस हारा; विवाह के लिए स्वीकृति दी और चार प्रान्त : काबुल, कान्धार, हेरात और मकरान दिये। ग्रीक इतिहासकार एपिअस ने युद्ध और सन्धि का विस्तृत वर्णन किया है। शेष वर्णन मेगास्थनीज के ग्रन्थ 'इण्डिका' में है।

चाणक्य यहीं नहीं रुके। एक अन्य राज्य पर भी वह दृष्टि गड़ाये हुए थे। राजा को केवल एक ही कन्या थी, जिसका नाम दूर्द्ध था। उसने विवाह तय कर लिया

यह मानते हुए कि राज्य तो दहेज में मिलेगा ही। उसने विवाह की घोषणा कर दी। चन्द्रगुप्त ने फिर वही बात रखी और वैसा ही उत्तर मिला। फिर दूर्द्ध से चन्द्रगुप्त का विवाह हुआ; राज्य भी मिला; सीमा और सुरक्षा बढ़ी।

ऐसी भी चर्चा आती है कि चन्द्रगुप्त ने एक बार फिर चाणक्य के सम्मुख अपनी बात रखी कि चित्रा अभी भी आशान्वित और प्रतीक्षारत है। उसके दिये गये वचन की रक्षा के लिए चित्रा से भी चन्द्रगुप्त का विवाह हुआ। चूँकि चाणक्य का उद्देश्य लगभग पूरा हो चुका था इसलिए उन्होंने विरोध नहीं किया।

***व्याख्या :** भारत में विवाह को बहुत पवित्र बन्धन माना जाता है, जिसका निर्वाह जीवनभर अवश्य किया जाता है। इसलिए विवाह के समय जितने नये सम्बन्ध बन जाते हैं, उनका भी निर्वाह किया जाता है। राज घरानों में विवाह को किसी सन्धि पर पक्के मुहर की तरह देखा जाता था, जिसे दोनों में कोई भी पक्ष तोड़ना पसन्द नहीं करता था।*

यही बात व्यापारिक रिश्तों में भी लागू होती है। व्यापारिक घराने भी विवाह के बन्धन के बाद बहुत निकट आते हैं और बहुत ही स्थायी व्यापारिक सम्बन्ध स्थापित होता है। आज कुछ ज्यादा ही बड़े–छोटे व्यापारिक घराने वैवाहिक सम्बन्धों के साथ भागीदारी या साझेदारी आरम्भ करते हैं।

***प्रभाव :** व्यापारिक सम्बन्ध, समझौते और भागीदारी को आपसी विश्वास पर विकास और उन्नति के लिए स्थायी होना चाहिए।*

सन्धि से अधिग्रहण

कौटिल्य अर्थशास्त्र में चाणक्य ने दूसरे राजाओं, संगठनों आदि के सम्बन्धों की विस्तृत चर्चा सन्धि और अधिग्रहण के रूप में की है। वे यह मानकर चलते थे कि कोई भी सन्धि शाश्वत नहीं होती; वह तात्कालिक स्थितियों और शासन की जरूरतों तथा शासक के ऊपर निर्भर करती है। उनके अनुसार जब जरूरत हो तब सन्धि करनी चाहिए, कमजोरी पर ध्यान रखना चाहिए और जरूरत समाप्त हो जाने के बाद किसी भी रूप में, सम्भव हो तब आक्रमण करके भी उस राज्य या संगठन को अपने में मिला लेना चाहिए।

जिस समय चाणक्य ने सीमा–क्षेत्र में आक्रमण करके कुछ हिस्सों को जीत लिया था, उस समय महाराजा पर्वतराज का राज्य ऐसी स्थिति में पड़ता था कि उससे सम्बन्ध स्थापित करना आवश्यक था, क्योंकि उन्हें वे युद्ध में नहीं जीत सकते थे और क्योंकि अपनी शक्ति वे घनानन्द के अतिरिक्त किसी और तरफ समाप्त नहीं कर सकते थे अथवा किसी अन्य राजा को वे शत्रु नहीं बना सकते थे। उन्होंने पर्वतराज के सम्बन्ध में, उनकी सामाजिक, राजनीतिक और आर्थिक तथा सैन्य सम्बन्धी शक्तियों और कमजोरियों के सम्बन्ध में सूचनाएँ एकत्रित कीं और उनसे मिलने का समय और स्थान तय किया।

चाणक्य उनसे चन्द्रगुप्त और सेनाध्यक्ष भद्रदत्त के साथ मिला। उन्होंने अपनी स्थिति को भी स्पष्ट किया और सन्धि की अपनी मंशा भी रखी। उनकी बातों को स्वीकार करने के पूर्व पर्वतराज ने बहुत विचार किया और अन्त में अपनी स्वीकृति दे दी। एक सन्धि हुई कि दोनों एक–दूसरे की सहायता करेंगे और एक–दूसरे पर आक्रमण नहीं करेंगे तथा दोनों के क्षेत्र से दोनों की सेनाएँ बिना बाधा आया जाया करेंगी। तीसरी शर्त ही चाणक्य के लिए ज्यादा महत्त्व की थी।

कुछ वर्ष बीत गये। मौर्य–साम्राज्य स्थापित हो गया था। अनेक छोटे–छोटे राज्य मौर्य–साम्राज्य के हिस्से बन चुके थे। कुछ राज्यों को आक्रमण करके जीता जा चुका था। अब बीच में पर्वतराज की स्वतन्त्र उपस्थिति चाणक्य को अखर रही थी। वह बहुत आवश्यक और घरेलू जाना हुआ छोटा मार्ग था। चाणक्य ने उनके अधिग्रहण का निर्णय लिया।

चाणक्य ने यह कहकर पहले सन्धि तोड़ दी कि पर्वतराज की माँग बहुत है और अव्यावहारिक है। फिर उन्हें आश्वस्त करने और निश्चिन्त रखने के लिए छः माह तक वे चुप, शान्त बैठे रहे। पर्वतराज आक्रमण के उनके निर्णय को नहीं समझ सके और आवश्यक तैयारी नहीं कर सके। फिर अचानक मौर्यसेना ने आक्रमण कर दिया। यह एक आराम करती हुई सेना का एक चुस्त, दुरुस्त, प्रशिक्षित सेना के साथ युद्ध था जिसमें पर्वत राज की सेना एक बहुत बड़ी सेना के लिए न व्यूह रच सकी, न उनके भेद सकी;। फलतः बहुत कम संघर्ष में ही पर्वतराज जीत लिए गये और उनका राज्य मौर्य–साम्राज्य का हिस्सा बन गया।

व्याख्या : किसी भी व्यावसायिक संगठन का अधिग्रहण कर अपने में मिलाने के पहले किसी को भी पूरी सूचनाएँ, उत्पाद और बाजार आदि की पूरी सूचना का अच्छी तरह अध्ययन करने और कुल लाभ एवं शुद्ध लाभ की गणना करने के बाद ही निर्णय लेना चाहिए। किसी दुविधा में रहना हानिकारक है।

अगर यह निश्चित हो जाये कि शुद्ध लाभ काफी होगा और अधिग्रहण से साख में वृद्धि होगी, तभी ऐसा करना चाहिए।

किसी संगठन के पूर्व उसे कमजोर अवश्य करना चाहिए कि सस्ते में अधिग्रहण सम्भव हो सके। अधिक राशि देने पर उस राशि को बाजार से लेने के लिउ बिक्री को द्विगुणित करना होगा, जो तत्काल सम्भव नहीं होता है।

प्रभाव : बाजार का ज्ञान; उपभोक्ता की आवश्यकता; तथा उत्पाद की उपयोगिता ही किसी संगठन के भविष्य को निश्चित करते हैं।

चन्द्रगुप्त की रक्षा

इस बात को बहुत कम लोग समझ पायेंगे कि चाणक्य की निरन्तर सक्रियता का कारण उनका दुबला, पतला और स्वस्थ होना था, जिसके कारण उन्हें कभी कार्य में व्यवधान नहीं पड़ा। चाणक्य बहुत कुछ थे : अतुलनीय समर्पण भाव से; अकम्पित दृढ़ता

और अटूट ध्यान से कार्य करने वाला चेतन व्यक्ति तो थे ही, साथ ही वे समर्पित धर्मनिष्ट आत्मा भी थे, जो सामान्य और सरल जीवनशैली, किन्तु उच्च चिन्तन और विचार में आस्था रखता था और सदा तदनुसार आचरण करता था। वही दृढ़ता, सक्रियता और सादा जीवन उनके स्वस्थ और निरन्तर कार्यरतता का कारण रहा। इसलिए वे अजेय बने रहे; चन्द्रगुप्त की रक्षा करते रहे; मौर्य–साम्राज्य को विस्तार देते रहे; उत्तराधिकारी के जन्म को सुनिश्चत करते रहे; अधिकारियों को प्रशिक्षण देकर तैयार करते रहे और अनेक राज्यों का अधिग्रहण करते हुए एक सुदृढ़ विशाल राष्ट्र का निर्माण करने में सफल हो गये।

चन्द्रगुप्त की रक्षा

चन्द्रगुप्त को आगे रखकर और सभी अंगों का समुचित संचालन करते हुए चाणक्य ने नन्दवंश के साम्राज्य को विस्थापित भी कर दिया और मौर्यवंश को स्थापित भी कर दिया। साथ ही नये साम्राज्य की सीमा को येन केन प्रकारेण बराबर बढ़ाते गये। छोटे–बड़े राजाओं और सामन्तो को मौर्य–साम्राज्य का हिस्सा बनाते गये।

इसे सभी ने ह्रदय से स्वीकार कर लिया ऐसी बात नहीं है। मौर्य–साम्राज्य इतना सशक्त हो चुका था कि किसी में उसके विरोध में बोलने या खड़े होने की शक्ति नहीं थी। यही वह स्थिति होती है, जब भाँति–भाँति के षड़यन्त्र पनपते और फैलते हैं। बहुत से लोग मौर्य–साम्राज्य और चन्द्रगुप्त मौर्य के विरोध में षड़यन्त्र रच रहे थे और सम्राट् को मार देने के प्रयास में लगे थे।

चाणक्य की गुप्तचर–व्यवस्था ऐसी थी कि उसे प्रत्येक बाहरी गतिविधि की सूचना समय पर मिलती रहती थी और वे उनका प्रतिकार करते रहते थे। किन्तु उनके मस्तिष्क से ऐसे लोग निकल नहीं पा रहे थे। फलतः वैसे सभी लोगों के आस–पास गुप्तचर पहुँचाये गये थे और क्रियाशील थे। हालाँकि नन्दवंश के बचे लोगों को अनेक सुविधाएँ प्राप्त थीं और राज्य की ओर से उनके विलासमय जीवन के लिए धन मिलता था। वे बहुत कुछ बिना कुछ किये ही पा रहे थे। फिर भी वे राज्य वापस पाने के लिए षड़यन्त्र कर रहे थे और सम्राट् को ही मार देने में लगे थे। इस बात को चाणक्य पचा नहीं पा रहे थे।

एक दिन, एक राजा का गुप्तचर दूत बनकर चन्द्रगुप्त से मिलने आया। चाणक्य को सन्देह हुआ, किन्तु उन्हें सत्य जानने में समय नहीं लगा, क्योंकि गुप्तचरों ने उस छद्‌म गुप्तचर के सम्बन्ध में सारी सूचनाएँ दे दीं और मारने का तरीका किसी पेय में विष देना तक बता दिया। चाणक्य ने उसे रंगे हाथों ही कैद करने का निश्चय किया।

एक तरफ राजदूत बने गुप्तचर से राजा के मिलने की व्यवस्था भी हुई और दूसरी ओर उसे पकड़ने की तैयारियाँ भी की गयीं। वह व्यक्ति महाराज से मिलने गया, मगर चाणक्य अपने लोगों के साथ आस–पास समय की प्रतीक्षा में पर्दे के पीछे रह गये। किन्तु सभी क्रियाशील होने के लिए तैयार और तत्पर थे।

कहने और देखने के लिए उस विशाल कक्ष में राजा और राजदूत दो ही थे, जो सामान्य वार्ता तक अन्तरंग वार्ता की ओर मूड़ गये थे और प्रसन्नचित्त ठहाके लगा रहे थे। जो उन पर दृष्टि रखे हुए थे, वे देख रहे थे कि दूत ने अपने राज्य के शरबत की प्रशंसा करते हुए एक बोतल शरबत निकालकर मेज पर रखा और दो चाँदी के पात्रों में शरबत बनाया। एक पात्र रखते हुए अपनी अंगूठी में रखे विष को आराम से उसमें गिरा दिया और उसी पात्र को सम्राट् की ओर पीने के लिए बढ़ाया। सम्राट् ने हाथ में लिया और पीने के लिए तत्पर हुए।

सम्राट् को रोकते हुए गुप्तचरों के साथ तभी चाणक्य बाहर आये। गुप्तचर को कैद करने का आदेश दिया और सम्राट् को सत्य बताया। बाद में वही विषयुक्त शरबत उस गुप्तचर को पिलाया गया। परिणाम देखकर चन्द्रगुप्त तो भौंचक रह गया, किन्तु अन्दर से क्रोध से खौलते हुए भी चाणक्य शान्त बने रहे।

***व्याख्या :** धैर्य किसी व्यक्ति के कार्य करने की आन्तरिक शक्ति है। केवल धैर्य से ही कोई ज्ञान और सूचनाएँ एकत्रित कर सकता है; उन्हें सही ढंग से व्याख्यायित कर सकता है और समय पर समुचित कदम उठा सकता है, तभी उसे इच्छित परिणाम प्राप्त हो सकते हैं। जितना ही अधिक धैर्य होगा, उतना ही अधिक लाभप्रद उसका परिणाम होगा।*

***प्रभाव :** सदा क्रियाशील मस्तिष्क, सही सूचना और सतर्क आँखें तथा स्थिर पग ऐसी आन्तरिक शक्तियाँ हैं जिन्हें हराया नहीं जा सकता।*

विद्रोह का दमन : सुरक्षा के साधन

कोई अपना अधिकारी या कर्मचारी शत्रु या प्रतिद्वन्द्वी से न मिले अथवा कहीं विद्रोह अगर पनप रहा है, तब उसे आरम्भ में ही दबा दिया जाये; इसके लिए चाणक्य सदैव सतर्क रहते थे। चाणक्य के अनुसार चाहे कर्मचारी बड़ा हो या छोटा, कम वेतनवाला सामान्य पद का हो अथवा अधिक वेतन पाने वाला उच्च पदवाला उसे शत्रु अथवा प्रतिद्वन्द्वी की ओर मुड़ने से रोकने का दायित्व उसके निकटस्थ व्यवस्थापक का भी उतना ही है, जितना शीर्ष प्रशासक का :

एवं स्वविषये कृत्य अनकृत्य च विच्क्षणः।
परोपजात्पात् सन्रक्षेत् प्रधानान क्षुद्रकान अपि।

यह आवश्यक इसलिए था कि अपनी संस्था की गोपनीय बातों की जानकारी दूसरी जगह न जाये या आनेवाले अपने व्यवसाय या राज्य के लोगों को या उपभोक्ताओं को या वितरकों को दूसरे की ओर न मोड़ दे। पहले भी लोग इस तरह दूसरों को फोड़कर अपनी ओर मिलाने का कार्य करते थे। यह आज भी अबाध गति से चल रहा है। अधिक वेतन अथवा सुविधाएँ देकर दूसरे के कर्मचारी को अपने यहाँ कार्य पर लगा लेना अथवा दूसरी जगह कार्यरत रहते हुए को भी केवल सूचनाओं आदि के लिए उसे वेतन देना, आज खूब चल रहा है।

यह चाणक्य की मान्यता थी जो आज सर्वस्वीकृत है कि किसी संगठन, संस्था, व्यवस्था की सफलता समय पर सूचना और आदेश के आदान–प्रदान पर निर्भर है। इसकी उपयोगिता युद्धकाल में है; विद्रोह के दमन में है और शान्तिकाल में भी विकास के लिए है। उस समय जब पैदल या घोड़े से दूत आदि भेजे जाते थे तब चाणक्य ने प्रकाश से सूचना, सन्देश और आदेश प्रेषित करने और प्राप्त करने की एक प्रणाली विकसित की।

इस प्रणाली में प्रकाश दिखाने की जो ऊँचाई थी, वही मुख्य थी कि उस ऊँवाई से कहाँ की किस ऊँचाई तक सन्देश आ–जा सकते हैं। ध्वनि से और प्रकाश से सन्देशों के आदान–प्रदान चाणक्य के पूर्व भी भारत में था। स्वयं इसका उपयोग करते हुए जो परेशानियाँ आयीं, उन्हीं का निवारण करते हुए चाणक्य ने इसे उत्क्रमित किया और उन्नत बनाया।

पाटलिपुत्र से उत्तर गंगा के पार और हिमालय की तलहटी तक एक ऐसी व्यवस्था थी। इसका प्रमाण कुछ तो अभी भी है, कुछ नष्ट हो गया। कुम्हरार के किले से हाजीपुर तक; फिर वहाँ से केसरिया स्तूप तक; वहाँ से नन्दनगढ़ लौरिया; फिर वहाँ से चानकी गढ़ तक यह व्यवस्था थी। जो भी सन्देश राजमहल से दिया जाता था, वह इन सभी स्थानों तक पहुँचता था और उसका तत्क्षण उत्तर प्राप्त हो जाता था।

कुम्हरार का किला ढह गया और यह व्यवस्था लुप्त होती हुई नष्ट हो गयी। किन्तु मुगलकाल तक ऐसी व्यवस्था की चर्चा है। ब्रिटिश काल में गोलघर से इसका व्यावहारिक उपयोग कर इसकी सत्यता की परख तो की गयी; परीक्षण सफल भी रहा, किन्तु इस व्यवस्था को चलने नहीं दिया गया।

सरकारों ने और व्यावसायिक संगठनों ने आज अपने कर्मचारियों को मोबाइल फोन दे रखा है कि शीघ्र सूचना मिले, किन्तु टावर नहीं होने आदि के बहाने से उसे भी टाला जा रहा है। इन सबके लिए अभी भी कोई अभेद्य प्रणाली विकसित नहीं हो सकी है।

उत्तराधिकारी का जन्म

ऊपर जिस विष देने की घटना का वर्णन किया गया है, वह एक घटना है, किन्तु ऐसी कई घटनाएँ कुछ ही दिनों के अन्तराल में घटीं और चाणक्य की चिन्ता बढ़ गयी। वे समझ रहे थे कि किसी भी रूप में षड्यन्त्रों की संख्या घटने वाली नहीं है। इस प्रकार बचाव करने में कभी की छोटी–सी चूक अथवा कुछ क्षणों का विलम्ब षड्यन्त्रकारियों को सफल कर देगा और जितने समय में, जितने श्रम से एक सक्षम राजा को तैयार किया गया है, वह सब बेकार हो जायेगा।

चन्द्रगुप्त की शारीरिक क्षमता पर उन्हें सन्देह नहीं था; युद्ध की सभी कलाओं में वह पारंगत था। सेना की एक टुकड़ी को अकेले विनष्ट कर देने में सक्षम था। वही विजयी होगा, यह निश्चित था। सामने आकर कोई उसे हानि नहीं पहुँचा सकता था,

किन्तु धोखे वाली चीजों को कोई भी नहीं समझ पाता। धोखे से कोई उसे मारना चाहे, तब उसे प्रतिकार करने में बहुत परेशानियाँ हैं, क्योंकि वह किसी पर भी सन्देह नहीं करता है।

सभी स्थितियों पर विचार करके चाणक्य ने एक कठोर निर्णय लिया : चन्द्रगुप्त को नियन्त्रित मात्रा में प्रतिदिन विष देने का और उसकी दैहिक प्रणाली को ऐसा बना देने का कि किसी विष का उस पर कोई प्रभाव नहीं पड़े। विष स्वयं चाणक्य ने तैयार किया और प्रमुख रसोइये को सब समझा कर दे दिया। कुछ दिनों तक भोजन में विष उसकी अपनी देख–रेख में दिया गया कि कोई चूक न हो, फिर यह कार्य रसोइया करने लगा। सम्राट् को कई तरह के विष दिये जाने लगे। पहले रसोइया शंकित था, किन्तु विष को प्रभावहीन समझकर भयमुक्त हो गया। फिर भी वे इतना समझ रहे थे कि थोड़ी–सी गड़बड़ी भी सम्राट् के लिए घातक हो जायेगी।

किन्तु अनहोनी ऐसी होती है कि बिना जाने कभी भी कहीं भी घटित हो जाती है और चेतन से चेतन व्यक्ति भी उसकी चपेट में आये बिना नहीं रहता। चाणक्य भी नहीं बचे; चन्द्रगुप्त भी अनहोनी की चपेट में आ गया। हानि भी हुई; तत्काल भी हुई और अपने प्रभाव को बचाये रखने के कारण सुदूर भविष्य में भी हुई।

चन्द्रगुप्त की तीन रानियाँ थीं : हेलेन; दूर्द्ध और चित्रा। चन्द्रगुप्त का विवाह तीनों से तीन अलग–अलग कारणों से हुआ था। चित्रा से सबसे बाद में शादी हुई, वह चन्द्रगुप्त की पसन्द थी। सेल्यूकस की पुत्री हेलेन से सबसे पहले हुई, क्योंकि सिकन्दर का जीता हुआ सारा क्षेत्र प्राप्त होने वाला था। बीच में राजघराने की एकलौती राजकुमारी दूर्द्ध से ब्याह हुआ कि वही पटरानी बने और उसका राज्य भी मौर्य–साम्राज्य का हिस्सा बन जाये।

वही महारानी दूर्द्ध माँ बनने वाली थीं। नौवा माह चल रहा था। पटरानी कमजोर भी थीं और भयभीत भी। फलतः सम्राट् चन्द्रगुप्त उन्हें ज्यादा समय दे रहे थे। वे दोनों अधिकतर साथ रहते थे। महाराज रानी का बहुत ध्यान रख रहे थे। तभी एक दुर्घटना घट गयी।

जैसा होता था, सम्राट् के लिए विषयुक्त नियमित भोजन आया। स्नेह की अधिकता के कारण उन्होंने अपने साथ रानी को भोजन करने के लिए निमन्त्रित कर लिया। मुख्य रसोईया यह जानकर बौखला गया। होना यह चाहिए था कि रानी के स्वास्थ्य योग्य भोजन शीघ्र लाया जा रहा है; अथवा स्वयं ही बर्तन पर गिरकर भोजन को नष्ट कर देना चाहिए था। इसके बदले वह चाणक्य को सूचना देने गया। दौड़ते हुए चाणक्य वहाँ पहुँचे किन्तु विलम्ब हो चुका था। इस बीच में रानी एक–दो कौर भोजन कर चुकी थीं। उनका कोमल निर्मल शरीर विषयुक्त भोजन को पचा नहीं सकता था।

जब चाणक्य पहुँचे, तब उनकी दृष्टि में विष प्रभाव दिखाने लगा था। वे जानते थे

कि अब रानी की रक्षा सम्भव नहीं है, किन्तु उत्तराधिकारी की रक्षा होनी ही चाहिए। शिशु तक विष पहुँचने के पूर्व शिशु को निकाल लिया जाना था।

चाणक्य के पास वैद्यों को बताने, सही औषधि देने और औषधि का प्रभाव पड़ने तक प्रतीक्षा करने का अवसर नहीं था। जो किया जाना था, उसी क्षण किया जाना था। पल–विपल अमूल्य थे। चाणक्य ने रानी की शल्य–क्रिया कर शिशु को निकाल लेने का निर्णय किया। रानी की परिचारिका अपने कार्य में लगी थी, क्योंकि रानी की चेतना डूब रही थी। चाणक्य चेतन थे, शेष कुछ समझ नहीं पा रहे थे। वहीं उसी क्षण आनन–फानन में उसी प्राशाल में शल्य–क्रिया की व्यवस्था हुई।

यह जरूर है कि चाणक्य ने शल्य–क्रिया की शिक्षा ली थी; सम्भवतः थोड़ा अभ्यास भी हो किन्तु शिशु के लिए शल्य–क्रिया? यह तो अनजानी बात रही होगी। किन्तु चाणक्य को अपने अध्ययन और अपने ज्ञान पर विश्वास था। उसी अमोल स्मृति और उसी ध्यानस्थ हो प्राप्त किये गये ज्ञान तथा स्थिर हाथों का आश्चर्यजनक संगम था कि शल्य–क्रिया सम्पन्न हुई। पुत्र को कोख से निकाल लिया गया। रानी को नहीं बचना था, नहीं बची, क्योंकि एक ओर जहर का प्रभाव था और दूसरी ओर शल्य–क्रिया में बहने वाले अतिशय रक्त जिसकी पूर्ति सम्भव नहीं थी।

शिशु भी एक बूँद जहर का ले चुका था, उसे चाणक्य ने उपचार से बचाया किन्तु विष के उस बूँद के कारण उसका नाम बिन्दुसार पड़ा। वह बिम्बिसार और बिन्दुसार के नाम से इतिहास में प्रसिद्ध हुआ।

चाणक्य ने उस शिशु का भी पालन किया; उसके बालक होने पर उसकी शिक्षा, दीक्षा और प्रशिक्षण स्वयं अपनी देख–रेख में कराया। युवा होकर वह पिता से भी योग्य और सक्षम सम्राट् बना।

अपने जीवनकाल में ही चन्द्रगुप्त ने अपने पुत्र को राज्य सौंप दिया और स्वयं वानप्रस्थ ले लिया। बिन्दुसार भी चाणक्य का उसी प्रकार सम्मान करता था और उसी के निर्देशन में राज–काज का संचालन करता था।

व्याख्या : उतार–चढ़ाव जीवन के अंग हैं। चढ़ाव के समय गर्वित नहीं होना चाहिए और उतार के समय चेतना को कमजोर नहीं होने देने चाहिए। उतार के समय जिसकी और जितनी रक्षा कर ली जाती है वही भविष्य की सम्पत्ति होती है। सीखने के समय ध्यान से सीखें और अवसर आने पर सम्पूर्ण मनोयोग से उस सीखे हुए का उपयोग करें। सफलता मिलेगी ही। सब कुछ खोने की स्थिति कभी नहीं आयेगी।

प्रभाव : विपत्ति के निर्णायक क्षणों में लिये गये निर्णय भविष्य के नियमक होते हैं। उसी क्षण संयम और दृढ़ता की सर्वाधिक आवश्यकता होती है।

सेवा निवृत्ति : शत्रु को अपना पद
चाणक्य के लिए दो शब्दों और उनसे सम्बन्धित सभी आवश्यक कर्मों का महत्त्व है। वे शब्द हैं : विस्तार और सुरक्षा। वे सम्पूर्ण आर्यावर्त्त में मौर्य–साम्राज्य को फैलाकर

एक शक्तिशाली राष्ट्र का स्वरूप देना चाहते थे; साथ ही उस शासन को और उसकी सीमा में आने वाली प्रजा को सुरक्षित देखना चाहते थे। जब उन्होंने इस पर विचार किया, तब उन्हें लगा कि जब तक नन्द का महामात्य मुद्राराक्षस जीवित और मुक्त है, तब तक वह चन्द्रगुप्त को या मौर्य–साम्राज्य को खतरा रहेगा।

किन्तु मुद्राराक्षस ऐसा विद्वान् और इतना चरित्रवान् था कि आसान होते हुए भी वे उनकी हत्या नहीं करा सकते थे। वह अमूल्य निधि है। उसका समुचित उपयोग होना चाहिए। चाणक्य यह अच्छी तरह जानते थे कि एक बार अगर मुद्राराक्षस चन्द्रगुप्त को मन से शासक स्वीकार कर लेगा, तब वह तन, मन, धन और ज्ञान सभी से मौर्य–साम्राज्य की सुरक्षा और उन्नति के लिए कार्य करेगा।

स्वयं चाणक्य सेवा–निवृत्त होना चाहते थे। उनकी अपनी योजना थी। वे चाहते थे कि मुद्राराक्षस मौर्य–साम्राज्य की सेवा में आ जाये। चाणक्य ने इसे पूरा करने के लिए जाल बिछाना आरम्भ कर दिया। जाल इतना परिपूर्ण था कि उसे चाणक्य के पास आना ही था अथवा वह आत्महत्या कर ले। विशाखदत्त विरचित संस्कृत के नाटक 'मुद्राराक्षस' में इसी विषय को केन्द्र में रखा गया है। नीचे अन्तिम क्षणों की काल्पनिक चर्चा है।

चाणक्य बहुत व्यग्र होकर सन्देश की और सन्देश वाहक अपने गुप्तवर की प्रतीक्षा कर रहे थे। वे बेचैनी से यह विचार करने में लगे थे कि अभी मुद्राराक्षस क्या सोच रहा होगा? उसका मस्तिष्क किस दिशा में कार्य कर रहा होगा? अपने गुप्तचरों के माध्यम से उसने उसके गले में फन्दे को पूरी तरह कस दिया था। चाणक्य की पकड़ से उसका निकल जाना असम्भव था। उसके पास मार्ग नहीं था।

उनका सबसे ज्यादा विश्वासपात्र, सहयोगी और गुप्तचर–व्यवस्था का प्रमुख पुरुषदत्त आता हुआ दिखलायी पड़ा। चाणक्य की व्यग्रता ऐसी थी कि वे गुप्तचर प्रमुख की ओर दौड़कर जाने के लिए उन्मुख थे कि क्या हुआ? उन्होंने दबे स्वर में बिना नाम लिये ही पूछा : क्या? क्या हुआ? अभी वह क्या कर रहा है?

पुरुषदत्त ने विश्वास भरा उत्तर दिया : अभी एक घण्टे के अन्दर वह आत्महत्या कर लेगा।

एकाएक चाणक्य चीख–से पड़े : नहीं! ऐसा नहीं हो सकता! यह मेरी सबसे बड़ी हार होगी। वह मुझसे बड़ा अमात्य है। वह अमूल्य निधि है। मैं उसे नहीं खो सकता। क्या तुमने उसे यह सूचना भेज दिया था कि वह मुझसे मिले?

पुरुषदत्त ने जो जानता था वही दुहरा दिया : आपके विनम्र निमन्त्रण को पाकर उसने क्रोधित और खिन्न होकर जोर से कहा कि वह मेरी हत्या कर सकता है। मैं अपने को मार सकता हूँ किन्तु मैं उस क्रूर और कुटिल चाणक्य से नहीं मिल सकता।

चाणक्य धैर्य के साथ विचारमग्न स्वर में बोला : प्रश्न मेरे चरित्र या कर्म का नहीं है। प्रश्न है राजा की, राज्य की और प्रजा की सुरक्षा का। उसका जीवन मेरे जीवन

से ज्यादा महत्त्वपूर्ण है।

पुरुषदत्त के पास एक सीधा प्रश्न था : तब आपने उसे आत्महत्या के लिए विवश क्यों किया?

चाणक्य का धैर्य टूट रहा था : इसलिए कि वह मेरे पास आ जाये। किन्तु यह समय उस बात की व्याख्या के लिए सही नहीं है। यह समय है उसे बचाने का।

तभी एक दूसरा गुप्तचर आता दिखलायी पड़ा। दो कदम आगे बढ़कर चाणक्य ने पूछा : बोलो सुकेश! तुम्हें क्या कहना है?

सुकेश ने कहा : पहले मैं समझ नहीं सका। किन्तु वह सीधे आपकी ओर ही आ रहा है। खाली हाथ है और पूरी तरह शान्त है। मैं साथ ही आया हूँ। उसे अकेला नहीं छोड़ सकता था।

चाणक्य ने प्रसन्नता से हाथ ऊपर उठा लिये : आहा! जय हो! यशो देवी यशःकाया वरमाल लिये खड़ी है। ॐ!

सुकेश भुनभुनाया : वह आ गया।

तुम दोनों आगे बढ़कर उनका स्वागत करो। चाणक्य ने आदेश दिया।

आश्चर्य से भरकर दोनों ने एक साथ कहा : क्या? किन्तु किसी उत्तर की प्रतीक्षा न करके आनेवाली छाया की ओ बढ़ गये। फिर तीनों पास आ गये।

चाणक्य ने बहुत विनम्रता से प्रणाम किया और विनीत भाव से सहर्ष महामात्य मुद्राराक्षस का सादर स्वागत किया।

ऐसा कहते हुए चाणक्य झुका, एक माला उठाया और प्रणाम में जुटे हाथ से उसे पहना दिया।

मुद्राराक्षस ने प्रणाम का प्रत्युत्तर इस प्रकार दिया : यह जले पर नमक छिड़कने जैसा तीखा लग रहा है।

चाणक्य उसी विनम्र भाव से बोले : आप महान् हैं महामात्य राक्षस! आज और अब आप हारे हुए व्यक्ति नहीं हैं, बल्कि चन्द्रगुप्त मौर्य और मौर्य–साम्राज्य के प्रमुख अमात्य हैं। मैं आपका स्वागत करता हूँ!

मुद्राराक्षस में कोई परिवर्तन नहीं हुआ : यह दूसरी ठिठोली है, जो चुभती है।

चाणक्य की विनम्रता भी नहीं बदली : नहीं! नहीं! एकदम नहीं! आपने अभी–अभी मुझे अपदस्थ करके यह पद पाया है। आप विजयी हुए हैं।

मुद्राराक्षस ने न क्रोध और न आश्चर्य छिपाने की चेष्टा की : जब तक चाणक्य है, तब तक कोई नहीं जीत सकता।

चाणक्य ने स्पष्ट किया : चाणक्य कहीं नहीं है। अभी–अभी वह सेवा–निवृत्त हुआ है और अपना प्रभार नये महामात्य राक्षस को प्रसन्नतापूर्वक सौंप रहा है। आप अपने

शत्रु चाणक्य की अनुपस्थिति में अपने अनुसार राज–काज सम्भालिए और चलाइए। मैं जानता हूँ आप मातृभूमि से, लोगों से प्रेम करते हैं और सदा राजा के प्रति समर्पित रहे हैं। आपकी उसी महान् सेवा का यह पुरस्कार है।

मुद्राराक्षस को पहली बार आश्चर्य हुआ : मैं इस बात पर विश्वास नहीं करता।

चाणक्य ने खुलते हुए उन्हें आमन्त्रित किया : व्यक्तिगत विश्वास या अविश्वास साधारण बातें हैं। प्रभार ग्रहण कीजिए और कार्य आरम्भ कीजिए। किन्तु उससे पूर्व महाराजा चन्द्रगुप्त से मिलकर अपनी नियुक्ति और अपने पदभार–ग्रहण की सम्पुष्टि कीजिए। मेरे साथ आइए, महामात्य।

व्याख्या : यह सर्वविदित है कि आधुनिक काल में किसी संगठन का अध्यक्ष या निर्देशक या प्रमुख प्रशासक अपना पद नहीं छोड़ना चाहता और दूसरे श्रेष्ठ, क्रियाशील और सक्षम व्यक्ति को प्रभार नहीं देना चाहता। कुछ तो कुर्सी से चिपके रहने के लिए लड़ते रहते हैं और बार–बार व्यवसाय को, संगठन को घाटे में डालते हैं। उन्हें आशा रहती है कि वे घाटा पूरी कर लेंगे, किन्तु शारीरिक और मानसिक असमर्थता के कारण ऐसा नहीं हो पाता। उन्हें स्थान और अधिकार दूसरे को सौंप देना चाहिए।

प्रभाव : व्यक्ति को लोभ से, विशेषकर अधिकार के लोभ से मुक्त रहना चाहिए और व्यक्तिगत लाभ को संगठन के लाभ के हित में त्याग देना चाहिए।

अपने और देश के सबसे महत्त्वपूर्ण पद को अपने सबसे विकट और पराजित व्यक्ति को दे देने की मानव इतिहास में यह अकेली और अनोखी घटना है। इसमें व्यक्तिगत हित, शत्रुता और पूर्वाग्रह को मन से सर्वथा निकालकर उस व्यक्ति के चरित्र, गुण, क्षमता, कार्य–कुशलता और देशहित को प्रमुखता दी गयी है। चाणक्य को जो करना था, वे कर चुके थे। अब जो किया जाना था, उसकी सर्वाधिक योग्यता जिस व्यक्ति में थी, उसे उन्होंने पद और अधिकार दे दिया। उन्होंने अपनी भावनाओं के विषय में सोचा नहीं, क्योंकि वही कहते हैं या वैसा ही व्यक्ति कह सकता है कि व्यक्तिगत हित को पारिवारिक हित में; पारिवारिक हित को सामाजिक हित में और सामाजिक हित को राष्ट्रहित में त्याग देना चाहिए। यह आवश्यक था कि कोई योग्य और सक्षम व्यक्ति उस पद पर आवे और चाणक्य ने वही किया।

भले ही ऐसे पद को त्याग देने की बात लोभ और लिप्सा और केवल अपना विकास चाहनेवाले आधुनिक काल के लोगों को न पचे, मगर सबके हित की ही बात सोचनी चाहिए। अगर राष्ट्र और अन्य सभी सुरक्षित और समृद्ध हैं, तब एक व्यक्ति की समृद्धि और सुरक्षा अपने–आप हो जाती है। आज जब हर जगह जीवन खतरे में पड़ा है और अविराम गाड़ियों से मानव कुचला जा रहा है; गोलियों से मारा जा रहा है; बम विस्फोटों में जिसके परखचे उड़ जा रहे हैं, तब कैसी और किसकी सुरक्षा?

चाणक्य की रचनाएँ

चन्द्रगुप्त को अधिपति बनाकर; सम्पूर्ण देश को एक सूत्र में पिरोकर; मुद्राराक्षस को महामात्य बनाकर और स्वयं सेवा–निवृत्त होकर चाणक्य लेखन–कार्य में लगे और अनेक अमर कृतियों की रचना की। उन्हें बहुत कुछ देखने के लिए मिला था : उबलता, पिघलता, सड़ता, दुर्गंध देता, समुन्नत, सुगन्धित, श्रेष्ठ, बेचैन, व्यग्र, विलासी, नियन्त्रित, प्रजातान्त्रिक, तानाशाही, अन्यायी, नैतिक, भ्रष्ट, त्यागी व्यक्ति, समाज और राज। इससे अनुभव का भण्डार आकण्ठ भरा हुआ था। इस तरह उन्होंने सैद्धान्तिक और व्यावहारिक दोनों तरह का ज्ञान एकत्रित किया था। वे सिद्धान्त को व्यवहार में और व्यवहार को सिद्धान्त में बदलने में सक्षम ही नहीं, सिद्धहस्त भी थे, क्योंकि वे तूफान में या तूफान के आस–पास ही रहे। निःशब्दता या निष्क्रियता उनके आस–पास नहीं रही। अगर कोलाहल आस–पास नहीं रहता था, तब केवल उनके भय से।

लेखन के लिए जिस वातावरण की आवश्यकता थी, उसकी व्यवस्था उन्होंने कर ली और ऐसी व्यवस्था की कि प्रत्येक दिशा से अबाध, बेरोक सूचनाएँ आ सकें।

अपनी रचनाओं में चाणक्य एक ही साथ कई कवि और कई लेखक थे। विष्णुगुप्त थे; विष्णुशर्मा थे; वात्स्यायन थे; चाणक्य थे और कौटिल्य थे। कुछ और भी हों, तब पता नहीं। उनके आस–पास ऐसे और इतने रहस्य चिपके हैं कि उनके व्यक्तिगत जीवन और लेखन की प्रक्रिया आदि के सुबुध में निश्चित रूप से कुछ नहीं कहा जा सकता।

काल का कुछ इतना लम्बा भाग अतीत हो गया है कि कुछ श्लोकों के सम्बन्ध में यह कहना कठिन है कि वे चाणक्य की हैं या किसी अन्य की। इसी बात से प्रेरित होकर कितने आलोचकों ने अन्य पुस्तकों को भी चाणक्य विरचित स्वीकार कर लिया है। यह भी स्वीकार करने की बात है कि सभी उपलब्ध ग्रन्थों का अध्ययन करने वाले चाणक्य ने कुछ चीजों को अन्य ग्रन्थों से लिया हो। कौटिल्य अर्थशास्त्र में अनेक प्राचीन विद्वान्ों के विचारों को उद्धृत करते हुए चाणक्य ने मतैक्य दर्शाया है अथवा मत भिन्नता प्रकट की है। इसलिए अगर उनमें महाभारत, पुराण और मनुस्मृति के श्लोक दिखते हैं तब आश्चर्य नहीं होता है। इन्हें या तो चाणक्य ने स्वयं जोड़ा है अथवा किसी अन्य ने वहाँ डाल दिया है। निम्नलिखित श्लोक चाणक्य के नीतिशास्त्र में है; हितोपदेश में है; मार्कण्डेय पुराण में है, 37/23; वाराह पुराण में है, 153/26; और महाभारत के शान्ति पर्व में भी है :

नास्ति विद्यासमं चक्षुः नास्ति सत्यसमं तपः।
नास्ति रागसमं दुःखम् नास्ति त्यागसमं सुखम्।

ऐसे छः श्लोक खोजे गये हैं किन्तु इन छः श्लोकों को रखने या हटाने से कोई अन्तर नहीं पड़ता। सम्पूर्ण लेख नही सम्पूर्ण चाणक्य साहित्य ज्ञान की खान है।

चाणक्य ने अपने ज्ञान और अनुभव को श्लोकों और सूत्रों में पिरोया और सन्तति के लिए सुरक्षित कर दिया। एक तरफ वे मुक्त होकर, बिना तनाव या दबाव के लिखे

और दूसरी ओर अपनी तीव्रतर दूर और सूक्ष्म दृष्टि को खोले और क्रियाशील रखा, तीक्ष्ण मेधाशक्ति से व्याख्यायित और संशलिष्ट भी करते रहे, इसलिए इतनी श्रेष्ठ रचनाएँ दे सके।

1. **चाणक्य-नीति :** नीति–शास्त्र कितना महत्त्वपूर्ण है, यह इसी से पता चल जाता है कि श्रीकृष्ण ने गीता में घोषणा की कि जो विजय चाहता है उनके बीच मैं नीति–शास्त्र हूँ : *नीतिः अस्मि जिगिस्ताम्*। वैदिक काल से हर्षवर्धन के काल तक नीति श्लाकों की रचना करने की, उनके द्वारा शिक्षा देने की परम्परा अक्षुण्ण रही। ब्रह्म; शिव; इन्द्र; विष्णु; श्रीराम; श्रीकृष्ण; वेद व्यास; वहस्पति; शुक्र; मार्कण्डेय; भरद्वाज; वैशम्पायन; बुद्ध, महावीर; चाणक्य से होती हुई यह परम्परा भत्रहरि तक चली आयी। संस्कृत में अधिकतर अनुष्टुप छन्द में नीति श्लोक लिखे गये।

जैसा चाणक्य ने किया है, वही पहले से मान्य परम्परा रही है कि कवि–विचारक आन्तरिक और बाह्य विकास तथा शुद्धि के लिए; प्रत्येक स्थिति का सफलतापूर्वक सामना करने के लिए और सुखमय, शान्तिमय और आनन्दमय जीवन व्यतीत करने के मार्ग बताते रहे हैं। इसमें अपनी बात को प्रमाणित बताने के लिए उपमा, उत्प्रेक्षा आदि अलंकार का भरपूर प्रयोग किया गया है। सन्धियों के समय; सत्संगों में; पंचायतों में; विवादों में धड़ल्ले से नीति–श्लाकों को उद्धृत किया जाता है और विशद, विद्वतापूर्ण व्याख्या की जाती है।

नीतिशास्त्र को ही सभी ज्ञान का मूल माना गया है और यह घोषणा है कि चाणक्य ने इन्हें एकत्रित किया। यानी यही ज्ञान प्राचीनतम् काल से विभिन्न विचारकों और लेखकों द्वारा लिखा और दिया जाता रहा है :

नानाशास्त्र उदधृतं वक्षये राजनीति समुच्चयम्।
सर्व-बींज इदं शास्त्रं चाणक्यं सारसंग्रहम्।

चाणक्य नीतिशास्त्र में कुल सत्रह अध्याय हैं और प्रत्येक अध्याय में अठारह से बाइस नीतिश्लोक हैं यानी कुल 336 श्लोक हैं। सत्यता, स्पष्टता और सरलता, इन श्लोकों का विशेष गुण है। चाणक्य ने इन श्लाकों में केवल निष्कर्ष दिया है, किसी घटना का वर्णन नहीं है। ये सीधे और संक्षिप्त हैं। इन्हीं के कारण ये अतिशय प्रसिद्ध हैं और कालातीत हैं। काल का इन पर कोई भी प्रभाव अबतक नहीं पड़ा है।

चाणक्य की नीतियों की यह विशेषता है कि उन्होंने अपने को शिक्षा तक ही केन्द्रित रखा है; वर्णन और व्याख्या की ओर न जाकर सार तत्त्व ही निचोड़कर परोसा है। इस तरह अभिव्यक्ति को संक्षिप्त और सीधा रखा है, जो इतनी सहज हैं कि हृदय को स्पर्श कर उद्वेलित करती हैं और इतनी सही हैं कि कोई नकार नहीं सकता है। उनकी सत्यता और जीवन्तता में सार्वकालिकता की शक्ति है। व्यावहारिकता के कारण ही वे जनमानस को प्रिय हैं। उन्होंने लोगों को शिक्षित करने वाली चीजों के

अतिरिक्त कुछ लिखा ही नहीं है। यह एक पूर्णतया समर्पित आत्मा से ही सम्भव था।

चाणक्य का यह मूल लेखन है और प्राचीन काल से ही यह उद्घोषणा होती रही है कि इसे पढ़कर मूर्ख भी पण्डित हो जाता है :

मूलसूत्रं प्रवक्ष्यामि चाणक्येन यथोदितम्।
यस्य विज्ञान मात्रेण मूर्खो भवति पण्डितः॥

2. **वृद्ध चाणक्य प्रथम खण्ड :** वृद्ध चाणक्य प्रथम खण्ड को सामान्य वचन के रूप में जाना जाता है। इसमें आठ अध्याय हैं। चाणक्य–सूत्र का यह दूसरा रूप हो सकता है।

3. **वृद्ध चाणक्य द्वितीय खण्ड :** वृद्ध चाणक्य द्वितीय खण्ड को अलंकृत वचन के रूप में जाना जाता है। किन्तु उपलब्ध पुस्तक में सत्रह अध्यायों में नीतिशास्त्र दिया गया है।

वृद्ध चाणक्य के दोनों ही खण्डों के आज उपलब्ध पुस्तकों में नीतिसूत्र और नीतिशास्त्र का ही संग्रह मिलता है, किन्तु यह सुपाच्य नहीं लगता कि अलग–अलग नामों से आनेवाली चाणक्य की पुस्तकों में एक ही चीज हो। तब के काल में ऐसा सम्भव नहीं था। इसलिए ऐसा लगता है कि मूल सामान्य वचन और अलंकारिक या अलंकृत वचन के उपलब्ध न होने से बाद उन्हीं वचनों को इनमें डाल दिया गया, क्योंकि सभी श्लोक या सूत्र सामान्य लगते हैं। अलंकृत या आलंकारिक भाषा में चाणक्य का कोई ग्रन्थ उपलब्ध नहीं है।

4. **चाणक्य सार-संग्रह :** चाणक्य सार–संग्रह में 300 अनुष्टुप वृत्त हैं, जिन्हें 100–100 के तीन खण्डों में विभाजित किया गया है। यह राजनीति के साथ सरल और सामान्य जीवन जीने की शिक्षा देता है। अन्तिम श्लोक में काशीवास की सलाह दी गयी है। चार सार चीजों को गिनते हुए चाणक्य ने सत्यव्रती जीवन, गंगा से निकटता, शिव का पूजन के साथ काशी में निवास को रखा है :

असारे खलु संसारे सारं एतत् चतुः सत्यम्।
कास्यु वासः सतां संगो गंगां भः शंभु सेवनम्॥

5. **लघु चाणक्य :** लघु चाणक्य में आठ अध्याय हैं और प्रत्येक अध्याय में आठ से दस श्लोक हैं। यह भारत में उपलब्ध नहीं था, किन्तु यूरोप में बहुत प्रसिद्ध था। भारत में अभी भी सुगमता से उपलब्ध नहीं है। पुजारियों के साथ या सिकन्दर के यहाँ रह जाने वाले सैनिकों के साथ ग्रीक पहुँचा और प्रसिद्ध हो गया, क्योंकि ऐसे सार कथन उधर नहीं थे।

6. **चाणक्य राजनीति-शास्त्र :** चाणक्य राजनीति–शास्त्र में 534 श्लोक हैं। ये आठ भागों में विभक्त हैं। यह पुस्तक भी तिब्बत में मिली। मध्यकाल में

जो भारत को लूटा और जलाया गया, उसी में बहुत से ग्रन्थ विलुप्त हो गये और बहुत दूसरे देशों में या तब के भारतीय सीमाप्रान्त के नगरों में सुरक्षित रहे। चीन, मंगोलिया, जावा और बाली होते हुए यह पुनः भारत में आ गया है। नाम के अनुरूप इसमें राजनीति की विशद चर्चा है। इसे कौटिल्य अर्थशास्त्र के पूर्व का माना जाता है, जिसे परिपक्वता बाद में इस प्रसिद्ध ग्रन्थ में मिली।

7. **चाणक्य-सूत्र** : चाणक्य ने छोटे–छोटे वाक्यों में जिस ज्ञान को प्रकट किया वही सूत्र के रूप में जाना जाता है। सूत्र–लेखन प्राचीनतम् लेखन–कला की देन है और भारतीय–लेखन की देन तथा गरिमा है। इस संग्रह में पाँच सौ से अधिक सूत्र है।

कौटिल्य अर्थशास्त्र : कौटिल्य अर्थशास्त्र को सबों के द्वारा चाणक्य की रचना माना गया है, क्योंकि पुस्तक के समाप्ति की ओर पहुँचते देखकर चाणक्य ने एक श्लोक दे दिया, जिसमें एक संक्षिप्त घोषणा यह है कि जिसने नन्दवंश से धरती को मुक्त कराया, उसी विष्णुगुप्त यानी चाणक्य ने इस शास्त्र की रचना की है :

येन शास्त्रं च शस्त्रु च नन्दराजगता च भूः।
अमर्षेण उद्धृता अन्याशु तेन शास्त्रं इदं कृतम्।

आज सब इस चेष्टा में हैं कि राजनीति को धर्म से अलग किया जाये। यह महज घोषणा–सी रही है। वास्तव में कभी भी धर्म राजनीति से अलग नहीं हो पाया। हाँ, यह अवश्य हुआ कि राजनीति से धार्मिक आचरण लगभग समाप्त हो गया। जबकि चाणक्य यह मानकर चले कि धर्म और राजनीति का गहरा सम्बन्ध है, उन्हें विलग नहीं किया जा सकता।

न्याय-शास्त्र-मीमांसा : न्यायशास्त्र पर भाष्य के रूप में लिखित इस पुस्तक न्यायशास्त्र–मीमांसा को भी चाणक्य विरचित ही माना जाता है। इसे मानना या नकारना व्यक्तिगत आस्था पर निर्भर करता है।

वात्स्यायन कामसूत्र : वात्स्यायन के नाम से प्रसिद्ध 'कामसूत्र' चाणक्य विरचित ही माना जाता है, किन्तु शंका भी की जाती है। सम्भवतः चाणक्य का गोत्र वात्स्यायन रहा हो। इस तथ्य को न तो पूरे हृदय से स्वीकारा जा सकता है और न आसानी से नकारा जा सकता है।

पंचतन्त्र : विष्णुशर्मा : पंचतन्त्र को भी चाणक्य की रचना कहकर स्वीकार किया जाता है, जिसमें हितोपदेश और मित्रलाभ भी सम्मिलित हैं। इस तथ्य को अब केवल नाम साम्य से नहीं भाव और भाषा साम्यता से भी देखा जाता है। साथ ही, चाणक्य के माने जाने वाले कई श्लोक इसमें संग्रहीत है जो उद्धरण की तरह नहीं मूल के अंश के रूप में दिये गये हैं।

सभी पुस्तकों पर दृष्टिपात करने से स्पष्ट होता है कि चाणक्य ने तीन हजार से अधिक श्लोकों की रचना की। इस बात पर समय या शक्ति व्यय करने का कोई अर्थ नहीं है कि इन श्लोकों की रचना किसने की। इनसे प्राप्त होने वाले ज्ञान को लिया जाना चाहिए और जीवन तथा आचरण को उसी के अनुरूप ढालना चाहिए। यही आवश्यक है।

हाँ, यह अवश्य है कि जिसने भी इनकी रचना की, उसने अभ्यासस्वरूप बहुत कुछ लिखा होगा। या तो उनका रूप बदलकर, उत्क्रमित कर और गहराई देकर इनमें संकलित कर लिया या उन्हें हटा दिया। उनकी परिपक्वता और हमारे लिए इनकी उपयोगिता ही सब कुछ है। कवि–लेखक की पहचान हो या न हो, ज्ञान तो हमारा हो ही जाता है।

चाणक्य की निरन्तर सक्रियता केवल इसी बात से सम्बन्धित नहीं है कि वे सेवा–निवृत्त होकर पुस्तकों का प्रणयन करते रहे; अपने ज्ञान और अनुभव को आने वालों के लिए शब्दों, श्लोकों, सूत्रों आदि में पिरोते रहे, बल्कि इसमें भी है कि सदा खुली और निद्राविहीन आँखों से सम्पूर्ण मौर्य–साम्राज्य पर दृष्टि रखे रहे, सुरक्षित और बढ़ते हुए पाकर निश्चिन्त रहे और वहीं से अपने गुप्तचरों को आवश्यक निर्देश देते रहे। उनके अपने निवास के लिए बनाये गये चाणकी गढ़ राजमहल के बदले वे पिपल्लीकानन में ही आम्रवाटिका में आश्रम बनाकर रहते हुए सक्रिय रहे।

अपने लिए कुछ भी न करके जीवन–चक्र से मुक्ति–हेतु वहाँ जो कुछ भी चाणक्य ने किया और लिखा, उन सबमें उनका उद्देश्य स्पष्ट था :

➤ जीवन की सही समझ पैदा करना;
➤ सभी के नैतिक चरित्र को श्रेष्ठ बनाना;
➤ एक आदर्श समाज बनाना;
➤ सामान्यजन को स्वस्थ करना;
➤ जीवन को ज्ञानमय, कर्ममय और समृद्ध करना;
➤ सन्तोष, शान्ति और सुख का मार्ग दिखाना;
➤ मानव–कल्याण और समृद्धि;
➤ मोक्ष के मार्ग पर लोगों को अग्रसर करना।

2

चाणक्य का प्रयाण और मुक्ति

चाणक्य ने जो राजाओं के लिए कहा, वही श्रेष्ठ पुरुषों के लिए कहा जा सकता है और चाणक्य के लिए तो निश्चित रूप से, क्योंकि उसी के आधार पर उन्होंने अपने सम्पूर्ण जीवन को जिया; अपने लिए कभी नहीं, सदा दूसरों के लिए। चाणक्य ने कहा था कि जनसामान्य की प्रसन्नता ही प्रशासक की प्रसन्नता होती है; उनकी समुन्नति उसकी उन्नति होती है। प्रशासक को कभी भी अपनी वृद्धि या अपना लाभ नहीं देखना है, बल्कि उसे जनसमुदाय के आनन्द में ही अपना आनन्द खोजना है।

चन्द्रगुप्त को अधिपति बनाकर; सम्पूर्ण देश को एक सूत्र में पिरोकर; मुद्राराक्षस को महामात्य बनाकर और स्वयं सेवा–निवृत्त होकर एक ओर वह लेखन–कार्य में लगे और अनेक अमर कृतियों की रचना की, तब दूसरी ओर वह प्रशासकीय सुधारों के द्वारा जन–हितकारी कार्यों में लगे ताकि लोगों का जीवन उच्च और समृद्ध बने।

चार पुरुषार्थ : धर्म, अर्थ, काम और मोक्ष

इन कार्यों को करते हुए उन्होंने प्रमाणित कर दिया कि उन्होंने अपने सम्पूर्ण जीवन को चार पुरुषार्थ : धर्म, अर्थ, काम और मोक्ष की प्राति के लिए ही लगाया। इन पुरुषार्थो की प्राप्ति के मार्ग से वे कभी भटके नहीं। वे केवल काम की चिन्ता करते थे, जबकि दिन–रात पूरी शक्ति और निष्ठा से काम करते ही रहते थे। अर्थ की आवश्यकता के लिए, सादा जीवन जीने के लिए धन सिक्कों में नहीं वस्तुओं में चाहिए थी और वह उन्हें इतना मिलता था कि चाहे जितने व्यक्ति वहाँ हों, सबके लिए समुचित आहार कभी कम न पड़ा। यह कितने आश्चर्य की बात है कि उस व्यक्ति के पास कोई धन नहीं था, जो व्यक्ति सभी को समृद्ध होने की शिक्षा देता था। वे इतना सादा जीवन जीते थे कि उन्हें धन की आवश्यकता ही नहीं थी। इसलिए उन्हें विश्वास था कि जहाँ से, जब जितना धन वे माँग लें, उन्हें मिल जायेगा। कौन कहाँ से लायेगा, इसकी जानकारी भी उसे नहीं मिलेगी। बस, धन मिल जायेगा। उन्होंने सदा धर्म का अनुपालन किया और धर्म तथा नैतिकता की शिक्षा दी, इसलिए उन्हें मोक्ष की प्राप्ति हुई। मोक्ष मिलने के बाद चाणक्य केवल विचार हैं; सशक्त विचार; उड़ा देने वाले या स्थापित कर देने वाले विचार; सकारात्मक विचार; दिशा और दशा

बदल देने वाले विचार; शक्ति देने वाले, सशक्त बनाने वाले अमूल्य विचार।

चाणक्य जिस उद्देश्य को लेकर चले, उसे उन्होंने प्राप्त किया। संघर्ष रहा, किन्तु सफलता सदा उनकी चेरी बनकर रही। प्रत्येक क्षेत्र में उन्होंने अपनी श्रेष्ठता प्रमाणित और स्थापित की। ऐसा व्यक्ति न उनके पूर्व दिखता है और न बाद में ही आया। उनकी शिक्षाएँ मानवजाति के लिए है, स्थान या काल विशेष तक सीमित नहीं हैं। इसलिए वे पढ़े गये और पढ़े जाते हैं; इसलिए उनका अनुसरण किया गया और आज भी किया जाता है; इसलिए उन्हें आदर मिला और आज भी मिलता है। चाणक्य का नाम सदा श्रद्धा से लिया जाता है। उनसे दोनों ही प्राप्त होता है : सांसारिक ज्ञान और आध्यात्मिक तृप्ति।

चाणक्य ने नियमों का सृजन स्थूल और सूक्ष्म के समिश्रण से इतना बुद्धिमतापूर्ण किया है; ऐसी स्पष्टता और न्यायप्रियता दिखायी है कि जाने–अनजाने उन्हीं के विचारों के अनुरूप विश्व की अधिकांश सरकारें नियम, नीति और कूटनीति बनाती हैं। यह मूल कारण है कि प्राचीनकाल के लेखकों में चाणक्य सर्वाधिक पढ़े जाने वाले और स्वीकार किये जाने वाले चिन्तक, विचारक हैं। उनके कथन विश्व की सभी भाषाओं में उपलब्ध हैं तथा निरन्तर उनपर लेख और पुस्तकें आ रही हैं। अब विषयवार भी पुस्तकें आने लगी हैं।

निर्लिप्त और संलिप्त व्यक्तित्व

हर जगह और प्रत्येक कार्य में सफल चाणक्य! हर स्थिति और प्रत्येक व्यक्तित्व से निर्भय चाणक्य! दृढ़, स्थिर और सजग चाणक्य! प्रशासन का, व्यवस्था का गुरु चाणक्य! निर्भीक, निरापद, निपुण चाणक्य! बिना रखे आशा–आशाएँ पूरी करता चाणक्य! जो पाया, जो एकत्रित किया, वह वितरित कर देने वाला चाणक्य! सभी विशेषणों से विभूषित होने वाला चाणक्य!

कितनी गहरी थी संलिप्तता! कितना श्रेष्ठ था निर्लिप्त कर्म! कैसी अनुपम थी आस्था! कितना सहज था अविश्वास! कितनी अप्रतिम थी धर्म में आस्था! कितना तीक्ष्ण था सुरक्षा हेतु दण्ड!

ऐसा सन्तुलन! मध्य में ऐसी स्तम्भवत स्थिरता! अतुलनीय! अप्राप्य! सबके साथ! सबको प्राप्त!

स्वेच्छा से मृत्यु

चन्द्रगुप्त के जीवनकाल में ही बिन्दुसार राजा हुआ। चन्द्रगुप्त वानप्रस्थी हुए। चाणक्य का सम्बन्ध अपने दूसरे शिष्य बिन्दुसार के साथ भी वही रहा। बिन्दुसार के भी वह परामर्शदाता बने रहे।

बिन्दुसार का एक मन्त्री सुबन्धु था। वह चाणक्य से शत्रुता रखता था। उसे किसी तरह बिन्दुसार के जन्म की कुछ बातों का पता चला। उसे अवसर मिला। उसने बिन्दुसार के कान भरे कि उनकी माँ की हत्या के पीछे चाणक्य का हाथ था।

बिन्दुसार ने कुछ धाइयों से पूछा, उन्होंने भी कुछ उसी तरह की बातें बतायी। बिन्दुसार क्रोधित हो गया।

चाणक्य को उसके गुप्तचरों ने बता दिया कि आप पर महाराज क्रोधित हैं। चाणक्य ने बिन्दुसार को परामर्श भेजा कि सम्राट् को बात की तह तक जाकर सत्य जानने की शिक्षा मिली है, वह किसी के कथन मात्र से निर्णय कब से और क्यों लेने लगे? सुनी–सुनायी बात प्रमाण नहीं होती है।

परामर्श भेजकर ही चाणक्य शान्त नहीं हुआ। उसने एक कठिन निर्णय आसानी से लिया। स्वेच्छा से देह त्याग का निर्णय; निराहार रहकर मृत्यु को गले लगाने का निर्णय। उसके हृदय में कुछ पश्चात्ताप भी होगा; प्रायश्चित की भी भावना रही होगी, किन्तु शिष्य ने उसे गलत समझा, यह व्यथा ज्यादा गहरी होगी।

स्वेच्छा से देहत्याग की घोषणा करके वह खाद की एक ऊँचे माँद पर जाकर बैठ गये और अन्न–जल सबका त्याग कर दिया।

परामर्श की बात सुनते ही बिन्दुसार बौखला गया। उसे अपनी गलती का भान हुआ और वह विश्वास फिर जगा कि गुरु ऐसा नहीं कर सकते। उसने खोज आरम्भ की। यह संयोग ही था कि उसके जन्म के समय जो धाई शल्य–क्रिया के समय उपस्थित थी, वह जीवित थी। उसे बुलाया गया।उसने सारी बातें स्पष्ट बतायीं कि उनकी माँ को जहर नहीं दिया गया था और न उन्होंने स्वयं ही जहर खाया था। उन्होंने तो केवल महाराज का भोजन साथ–साथ कर लिया था। चाणक्य ने तो शल्य–क्रिया से उसे बचा लिया था।

बिन्दुसार का क्रोध ईर्ष्यालु सुबन्धु की तरफ घूमा। तलवार निकाला और सुबन्धु का सिर अलग कर दिया। फिर यह सोचकर व्याकुल हो गया कि गुरु को सूचना मिल चुकी है, पता नहीं उन्होंने क्या किया? सेना को पीछे से आने का आदेश दे वह अकेला ही घोड़े पर सवार हो गुरु से क्षमा माँगने निकल पड़ा। शीघ्र ही उसके अंगरक्षक उसके पास तक पहुँच गये।

जब वह चाणक्य के पास पहुँचा, बहुत देर हो चुकी थी। गुरु अपना निर्णय ले चुके थे। भोजन और जल का त्याग कर चुके थे। बिन्दुसार या किसी के भी किसी विनय का, कैसी भी प्रार्थना का प्रभाव चाणक्य पर नहीं पड़ा। वे दृढ़व्रती थे। उन्होंने अपना निर्णय नहीं बदला।

बिन्दुसार वहीं ठहर गया। सैनिकों ने उस स्थान की झाड़ियों आदि को काटकर पूरी तरह साफ और स्वच्छ कर दिया गया। यह सूचना तीव्र गति से चारों तरफ फैल गयी। उस क्षेत्र के ग्रामीण दौड़े आये; फूल लेकर आये; शिष्य दौड़े, फूल–मालाओं से लदे आये और माँद पर रख दिया। चारों तरफ से माँद सुगन्धित फूलों से लद गया। उन फूलों के बीच पहले चाणक्य ध्यानस्थ हुए फिर समाधिस्थ हो निश्चल बैठे रहे।

पण्डित वेद मन्त्र और महामृत्युंजय का पाठ करते रहे। उनके शिष्य भी स्वर में

स्वर मिला रहे थे। संगीत के वादक कलाकार अपने वाद्य यन्त्रों के साथ आये और वहाँ संगीत लहरी गूँजने लगी। इनमें ढोल, झाँझ, मजीरा, मृदंग, वीणा, सारंगी और बाँसुरी का संगीत अठखेलियाँ कर रही थीं। ये वाद्य ऐसे बज रहे थे, जैसे वहाँ कोई उत्सव हो रहा हो। यह मृत्यु का भय खत्म कर रहा था और नवजीवन की घोषणा कर रहा था।

यह दृश्य ही अनोखा था। वृद्धों की मृत्यु के उपरान्त शवयात्रा में बाजा बजाने की प्रथा भारत में रही है, किन्तु यह मृत्यु के पूर्व का वादन था, जो चाणक्य के पवित्र उद्देश्य की घोषणा कर रहे थे। यह मृत्यु नहीं थी, प्रयाण था। उनके प्राणवायु वायु में विलीन हुए; पाथिव शरीर अन्तिम क्रिया के लिए रह गया; आत्मा ब्रह्म में मिली और उनका प्रयाण सफल हुआ। जीव को मुक्ति मिली। चाणक्य को मोक्ष की प्राप्ति हुई थी।

व्याख्या : *किये गये कर्म; बटोरे गये यश; जमा किये गये धन और प्रतिष्ठा से ही किसी का जीवन अर्थवान बनता है। उस जीवन का कोई अर्थ नहीं, जिसमें केवल धन कमाया जाता है और विलासिता में खर्च किया जाता है।*

प्रभाव : *हमारे जीवन को दूसरों के काम आना चाहिए और मृत्यु को अविस्मरणीय होना चाहिए।*

प्रयाण : मुक्ति : मोक्ष : अमरता

चाणक्य का प्रयाण इच्छा–मृत्यु से देह–त्याग था; जीवन से मुक्ति थी; वही मोक्ष की प्राप्ति भी थी, जिससे बार–बार जन्म लेना नहीं पड़ता। देह त्याग से चाणक्य हमसे विलग नहीं हुए; वे आज भी जीवित और क्रियाशील हैं, यही उनकी अमरता है; अमर कृतियाँ हैं; अमर शिक्षाएँ हैं; अमर ज्ञान है। जहाँ से चाणक्य चले गये, वहीं से नया आरम्भ है। जो भी चाणक्य को जान जाता है; उसके जीवन का एक नया आरम्भ होता है।

यह एक गलत अवधारणा है कि समय लोगों को विलग करता है। समय जोड़कर रखता है; अतीत से, पुरातन से, परम्परा से, पूर्वजों से। यह जोड़कर रखता है, अपने भविष्य से, राष्ट्र के भविष्य से, सन्तति के भविष्य से। समय सबको अवसर देता है। हम जुटें नहीं; हम विलग हो जायें, हम कर्मरत न रहें। इनके लिए समय दोषी नहीं होगा।

आज भी चाणक्य हमसे जुड़े हुए हैं; हम चाणक्य से जुड़े हैं। यह जुटना ही 'ज्ञान' पाना होता है। दूसरे की अमरता से अपने अमर होने की दिशा में अग्रसर हुआ जाता है; दूसरे की मुक्ति से; मोक्ष से स्वयं मोक्ष की ओर पग बढ़ाया जाता है।

चाणक्य की अमर प्रणालियाँ और अनमोल वाणियाँ ऐसी हैं कि बिना अपने मार्ग और उद्देश्य से भटके हुए अगर कोई उनकी शिक्षाओं का अनुकरण करता है, तब सफलता सदा उसके संग–साथ चलेगी और किसी वस्तु या शक्ति की कमी नहीं रहेगी। वे समय की सभी परीक्षाओं में सफल होते जाते हैं। केवल इसीलिए चाणक्य को बार–बार पूरा पढ़ा जाना चाहिए और उन शिक्षाओं के अनुरूप कठिन श्रम से ही सही मगर निष्ठापूर्वक और दृढ़ता से आचरण करना चाहिए।

चाणक्य की अमरता यह स्थापित कर देती है कि अपने कृतित्व से वे किसी समय—विशेष के नहीं रहे, कालातीत हो गये; आने वाले सभी कालों के लिए हो गये, सभी युगों के लिए हो गये; सभी के लिए हो गये; फलतः कालजयी हो गये।

चाणक्य धरती के व्यक्ति थे, धरती पर चले, ठोस आधार लेकर सदा चलते रहे इसलिए इतनी और ऐसी सफलता पायी जो आकाशीय उपग्रहों के माध्यम से कभी नहीं पाया जा सकता। वे विचार बनकर, भाव बनकर अभी भी ठोस आधार पर ही विचरण कर रहे हैं और निराधार उड़ने से रोकते हुए आधार लेकर सफलता पाने की सतत् शिक्षा दे रहे हैं। वे अब व्यक्ति नहीं, दर्शन हैं।

ज्ञानी आचार्य चाणक्य नमो नमः!
सर्वे शुभे!

www.ingramcontent.com/pod-product-compliance
Lightning Source LLC
Chambersburg PA
CBHW052219270326
41931CB00011B/2412